U0508745

中国社会科学院重大课题

国家"十五"重点出版项目

列国志

GUIDE TO THE WORLD STATES

中国社会科学院《列国志》编辑委员会

巴林

● 韩志斌 主编

社会科学文献出版社

SOCIAL SCIENCES ACADEMIC PRESS (CHINA)

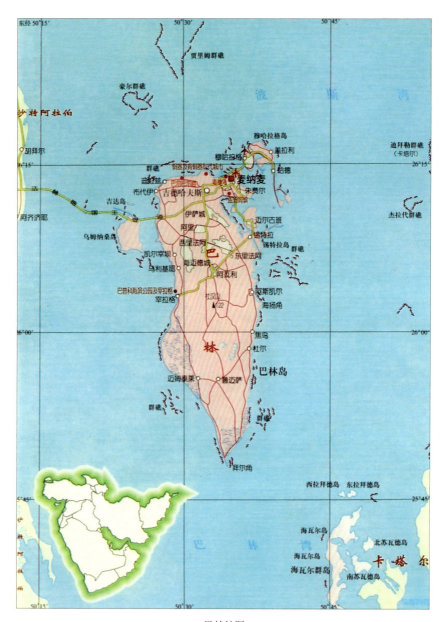

巴林地图

巴林国旗

巴林国徽

本书图片采自《LOOKWE 巴中友谊20年》，谨向巴林王国驻华大使馆致以诚挚的谢意

中东金融中心——巴林

法赫德国王大桥

巴林女性

巴林金融港

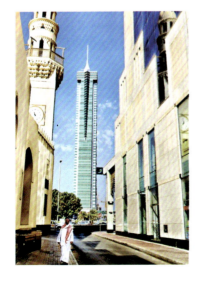

巴林首都麦纳麦街景

巴林世界贸易中心大厦

麦纳麦市俯瞰

大清真寺

巴林椰枣

『巴林之门』

巴林石油工业

巴林suq集市

"黄金城市"

巴林一棵树

前　言

　　自 1840 年前后中国被迫开关、步入世界以来，对外国舆地政情的了解即应时而起。还在第一次鸦片战争期间，受林则徐之托，1842 年魏源编辑刊刻了近代中国首部介绍当时世界主要国家舆地政情的大型志书《海国图志》。林、魏之目的是为长期生活在闭关锁国之中、对外部世界知之甚少的国人"睁眼看世界"，提供一部基本的参考资料，尤其是让当时中国的各级统治者知道"天朝上国"之外的天地，学习西方的科学技术，"师夷之长技以制夷"。这部著作，在当时乃至其后相当长一段时间内，产生过巨大影响，对国人了解外部世界起到了积极的作用。

　　自那时起中国认识世界、融入世界的步伐就再也没有停止过。中华人民共和国成立以后，尤其是 1978 年改革开放以来，中国更以主动的自信自强的积极姿态，加速融入世界的步伐。与之相适应，不同时期先后出版过相当数量的不同层次的有关国际问题、列国政情、异域风俗等方面的著作，数量之多，可谓汗牛充栋。它们对时人了解外部世界起到了积极的作用。

当今世界，资本与现代科技正以前所未有的速度与广度在国际间流动和传播，"全球化"浪潮席卷世界各地，极大地影响着世界历史进程，对中国的发展也产生极其深刻的影响。面临不同以往的"大变局"，中国已经并将继续以更开放的姿态、更快的步伐全面步入世界，迎接时代的挑战。不同的是，我们所面临的已不是林则徐、魏源时代要不要"睁眼看世界"、要不要"开放"问题，而是在新的历史条件下，在新的世界发展大势下，如何更好地步入世界，如何在融入世界的进程中更好地维护民族国家的主权与独立，积极参与国际事务，为维护世界和平，促进世界与人类共同发展做出贡献。这就要求我们对外部世界有比以往更深切、全面的了解，我们只有更全面、更深入地了解世界，才能在更高的层次上融入世界，也才能在融入世界的进程中不迷失方向，保持自我。

与此时代要求相比，已有的种种有关介绍、论述各国史地政情的著述，无论就规模还是内容来看，已远远不能适应我们了解外部世界的要求。人们期盼有更新、更系统、更权威的著作问世。

中国社会科学院作为国家哲学社会科学的最高研究机构和国际问题综合研究中心，有11个专门研究国际问题和外国问题的研究所，学科门类齐全，研究力量雄厚，有能力也有责任担当这一重任。早在 20 世纪 90 年代初，中国社会科学院的领导和中国社会科学出版社就提出编撰 "简明国际百科全书" 的设想。1993 年 3 月 11 日，时任中国社会科学院院长的胡绳先生在科研局的一份报告上批示："我想，国际片各所可考虑出一套列国志，体例类似几年前出的《简明中国百科全书》，以一国（美、日、英、法等）或几个国家（北欧各国、印支各国）为一册，请考虑可行否。"

中国社会科学院科研局根据胡绳院长的批示，在调查研究的基础上，于 1994 年 2 月 28 日发出《关于编纂〈简明国际百科全书〉和〈列国志〉立项的通报》。《列国志》和《简明国际百科全书》一起被列为中国社会科学院重点项目。按照当时的计划，首先编写《简明国际百科全书》，待这一项目完成后，再着手编写《列国志》。

1998 年，率先完成《简明国际百科全书》有关卷编写任务的研究所开始了《列国志》的编写工作。随后，其他研究所也陆续启动这一项目。为了保证《列国志》这套大型丛书的高质量，科研局和社会科学文献出版社于 1999 年 1 月 27 日召开国际学科片各研究所及世界历史研究所负责人会议，讨论了这套大型丛书的编写大纲及基本要求。根据会议精神，科研局随后印发了《关于〈列国志〉编写工作有关事项的通知》，陆续为启动项目拨付研究经费。

为了加强对《列国志》项目编撰出版工作的组织协调，根据时任中国社会科学院院长的李铁映同志的提议，2002年8月，成立了由分管国际学科片的陈佳贵副院长为主任的《列国志》编辑委员会。编委会成员包括国际片各研究所、科研局、研究生院及社会科学文献出版社等部门的主要领导及有关同志。科研局和社会科学文献出版社组成《列国志》项目工作组，社会科学文献出版社成立了《列国志》工作室。同年，《列国志》项目被批准为中国社会科学院重大课题，国家新闻出版总署将《列国志》项目列入国家重点图书出版计划。

在《列国志》编辑委员会的领导下，《列国志》各承担单位尤其是各位学者加快了编撰进度。作为一项大型研究项目和大型丛书，编委会对《列国志》提出的基本要求是：资料翔实、准确、最新，文笔流畅，学术性和可读性兼备。《列国志》之所以强调学术性，是因为这套丛书不是一般的"手册"、"概览"，而是在尽可能吸收前人成果的基础上，体现专家学者们的研究所得和个人见解。正因为如此，《列国志》在强调基本要求的同时，本着文责自负的原则，没有对各卷的具体内容及学术观点强行统一。应当指出，参加这一浩繁工程的，除了中国社会科学院的专业科研人员以外，还有院外的一些在该领域颇有研究的专家学者。

现在凝聚着数百位专家学者心血、约计 200 卷的《列国志》丛书，将陆续出版与广大读者见面。我们希望这样一套大型丛书，能为各级干部了解、认识当代世界各国及主要国际组织的情况，了解世界发展趋势，把握时代发展脉络，提供有益的帮助；希望它能成为我国外交外事工作者、国际经贸企业及日渐增多的广大出国公民和旅游者走向世界的忠实"向导"，引领其步入更广阔的世界；希望它在帮助中国人民认识世界的同时，也能够架起世界各国人民认识中国的一座"桥梁"，一座中国走向世界、世界走向中国的"桥梁"。

《列国志》编辑委员会
2003 年 6 月

CONTENTS

目　录

CONTENTS

目　录

CONTENTS

目　录

CONTENTS

目 录

CONTENTS

目 录

CONTENTS

目　录

CONTENTS

目 录

CONTENTS

目　录

CONTENTS

目　录

文明交往与巴林历史变迁

巴林是海湾国家中国土面积较小的国家，但其重要性却并没有因此而受到影响。处于东西方文明交往中的巴林，在中东地区占有重要的地位。巴林被称为"海湾的新娘子"，其独特、新颖的地缘、经济与文化魅力吸引着一代代学者用宏观的视角、炽热的情感和诗意的笔触，勾画着巴林古老而年轻、传统又现代、靠沙漠且面临海域多姿多彩的生动画卷。东西方多层次文明交往在巴林这块土地上的历程和趋势，将无数具有科学好奇心的学者引入了一个神往的研究领域。

一　文明交往的历史贯通

"文明"一词一直是多年来学术界争论的主流命题，彭树智先生"文明交往论"观点的提出，成为"文明"争论诸命题的崭新理论。① "交往力"是彭树智

---

① 西北大学中东研究所彭树智教授在《史学理论研究》2001年第1期发表《论人类文明交往》一文，首次系统地论述了"文明交往"这一理论。2002年陕西人民出版社出版了其专著《文明交往论》，使这（转下页注）

先生在《文明交往论》中提出的一个突破性的、革命性的创新观点。"文明交往形成的交往力，同生产力相互作用，分别组成人类社会发展进程中的横线和纵线，彼此交叉璧联，编织成色彩斑斓的多样性历史画卷。"① 交往力是文明交往的推动力，它和生产力一起构成人类社会前进的主动力。彭先生在《松榆斋百记：人类文明交往散论》中用简练的语言又把这一问题进行了深层次剖析：即互动性是文明交往的金律，这里的互动性其实就是指的交往力。互动律的核心是开放，不同文明之间和相同文明之内，也有互动交往。交往力是互动的核心所在。

交往力对巴林文明影响之一，是驱使不同文明在巴林交融和碰撞。文明交往的横向交往是一个空间的概念，含有典型的地缘性特征。交往力使地缘上不同的文明个体实现互动、整合、交融。实际上文明经不起孤独、孤独不能促进文明进步。从世界上各种文明所具有的内在特质来看，交往的力量使每一文明都有其他文明的影子。欧洲文化和科学技术的一部分是从伊斯兰世界"借来"的，恰如伊斯兰社会几百年里通过经商、征战和殖民媒介从中国借用"先进文明"一样。在早期的文明交往活动中，巴林同两河流域文明、希腊文明、罗马文明、波斯文明、印度文明等诸文明主体之间存在着政治、商贸、文化等方面的联系。巴林经历了海湾地区文明交往史的动态流变，形成了阿拉伯性、伊斯兰性与海湾地缘性

（接上页注①）一理论体系有了厚实的学术建构，此后，他又推出《书路鸿踪录》（三秦出版社2003年版）、《松榆斋百记：人类文明交往散论》（西北大学出版社2005年版），构成了"文明交往"理论的三部曲。
① 彭树智：《文明交往论》，陕西人民出版社，2003，第5页。

2

相统一的文明特征。在殖民主义体系解构，全球化、民族主义、民族国家体系建构的进程中，巴林的现代化经历着挑战与机遇并存的双重使命，进行新的内外文明交往。

交往力对巴林文明影响之二，是推动巴林社会的飞速演进与变迁。文明交往包括两层不同的含义：即横向交往和纵向交往。从文明交往的纵向角度来看，人类社会的生产力演进是交往力的结果。原始工具的渔猎文明、奴隶制和封建制的农牧文明、商品经济基础上的工业文明、全球化的信息知识经济文明可以归结为文明交往纵向发展，它是一个时间上的概念，是生产力革命性变革式交往的结果。这种交往是先进文明和落后文明的排斥性交往，先进文明的产生是建立在落后文明崩溃基础之上的。费尔南·布罗代尔认为，时间的历史学分为地理时间、社会时间与个人时间。[①] 从世界历史的纵深处与长时段来看，巴林文明体系在地理、社会两个层面的演进中表现出如下特点。

一方面，巴林的地理概念在历史交往中逐渐缩小。巴林的古称为"两海之地"，即沙漠和湖泊小海之间的地区，相当于现在的海湾，或者叫洋湾、卡提夫湾、巴士湾，一般指伊朗高原南部、两河流域东部、阿拉伯半岛东北和北部以及阿曼湾北部之间的陆地和水域。古代阿拉伯地理学家所熟知的"巴林海岸"指的是今日的卡塔尔、哈萨地区和科威特地区。[②] 而现代国际法主体意义的巴林地理范围已经大大缩小，

---

① 彭树智：《松榆斋百记：人类文明交往散论》，西北大学出版社，2005，第 174 页。

② 钟志成：《中东国家通史·海湾五国卷》，商务印书馆，2007，第 501 页。

含义远不及其历史概念。

另一方面，巴林社会的影响在诸文明交往过程中的空间与广度不断扩大。由于巴林在海湾地区处于交通枢纽的重要地位和悠久的历史、文化和商贸根源，因此自古以来一直是历史行为体所垂青的对象。从巴林考古的现有成果来看，其石器文化中显示有印度文化、叙利亚文化在巴林的交往印迹。巴林西海岸的农耕和畜牧生活变迁，从古以来和周边的商业贸易特别同海上贸易密切相关。巴林发现的黏土图画、楔形文字的记录、两河流域的印章以及神庙，都表现了巴林本土的物质形态，这是巴林文明、苏美尔文明与印度文明之间交往的结果。

交往力对巴林文明影响之三，是推动巴林文明在世界文明体系中的地位发生变化。在文明交往的历史进程中，一个值得注意的现象就是文明重心的产生和转移，即强势文明的角色转换，实现以上文明的延续和文明重心转移的根本动力就是交往力。虽然巴林没有留下史书，但从阿拉伯各国的古籍中可以看出，在公元前 3000 年前后，这里已经形成了一个原始的国家——迪尔蒙国。巴林岛上泉水丰沛，绿洲葱茂，还有大片盛产珍珠蚌的浅海滩，吸引了阿拉伯半岛上的许多居民来岛上定居。据研究，古迪尔蒙国一度非常繁荣。但在公元前 2795～前 2739 年间，两河流域的苏美尔人企图打通波斯湾到印度洋的商路，故而数次摧毁了古迪尔蒙国的都城，致使这里的文明被毁灭，很长时间以后这里才出现了新的城市。在公元前 1000 年前后，地中海的腓尼基人征服了巴林，把它建为波斯湾的转口贸易中心，巴林又变得繁荣起来。公元 309～379 年，巴林遭到波斯王国长达数十年的进攻，最后巴林岛上的居民几乎被杀光。城市被夷为平地，水井被堵死，船只被烧毁，树木被砍尽，昔日繁华的巴林岛变得一片死寂，荒凉萧瑟。直到公元 622 年，阿拉伯人曾一度占领了巴林岛，这里才获得新生。公元 894 年，卡尔马特教派在巴林起义，宣布脱离阿拉伯帝国，巴林进入历史上最强大和最繁荣的时期。但是，阿拉伯帝国不甘心失去巴林这块风水宝地，1057～1058 年，阿拉伯帝国军队攻入巴林，摧毁了岛上的城镇，放火烧毁果园和棕榈林，致使麦纳麦等城市再次被毁灭，文明又一次遭受致命的打击。以后，巴林作为一个小酋长国，长期臣服于阿曼苏丹国，后来先后沦为葡萄牙和英国的殖民地，直到 1971 年才获得完全独立。在各种行为体的战争交往中，巴林文明不断"上演"着"兴盛—衰败"的历史活剧。

二　对外交往的开放结构

巴林对外交往的开放结构与海湾文明交往的三大因素密不可分：即阿拉伯的民族性、伊斯兰的宗教性、海湾的地缘性。

阿拉伯民族与伊斯兰教作为海湾乃至中东的文明资源对巴林对外交往有着直接的影响。这种民族宗教资源深深浸染到巴林政治精英与普通民众的社会生活深处，直接决定了巴林对外交往的基本取向。有学者认为身居内陆或与海洋缺乏联系的国家，其统治者和国民心态一般心胸狭隘。而面对广阔海洋的国家，其统治者则表现出一种开放、宽容的态度。[①]

---

① Charles O. Cecil, Oman's Progress toward Participatory Government, *Middle East Policy*, Spring 2006, Number 1, pp. 65 – 66.

巴林的阿拉伯人具有海湾阿拉伯人的特点，他们一般具有开放性、忍耐性、勇敢性、适应性的性格，这是他们在经历了海洋汹涌澎湃的体验中形成的性格。伊斯兰教一直在巴林的政治、法律、教育、日常生活等领域起着不可低估的影响。这种伊斯兰教之魂对巴林对外交往的影响主要体现在巴林的对外交往自主特质，即开放的心态并不等于在对外交往中随波逐流，而是表现出自己的民族个性与独特传统。

文明的本质特征首先取决于它们所处地理位置的优越性与局限性。地理环境对文明影响的各种事件，尤其表现了交往的至关重要性。① 海湾作为海洋深入陆地地方的地缘性决定巴林地区政治、军事战略的优越性，巴林被称为"照亮海湾的灯塔"，其众多岛屿在航海业、商业和城市发展上，都在海湾地区处于领先地位，这些因素都决定了其对外交往的开放性。

第一，在对外交往上，巴林一直努力与美欧等西方国家保持亲密联系。巴林对外交往奉行中立和不结盟的外交政策，加强同第三世界的团结与合作，反对外来势力干涉海湾事务。早在独立以前，巴林地区一直是大国角逐之地，因此巴林作为小国一直与大国政治存在千丝万缕的联系。独立后的巴林在五个方面加强与美国的关系。一是允许美国在巴林建立军事基地。1971 年 12 月 23 日，刚刚独立的巴林与美国签订一项使用朱费尔军事基地设施的协定。1974 年 10 月初，巴林允许美国小型舰队在巴林岛建立军事基地。美国海军第五舰队司令部所在地就是巴林海军基地，驻扎美国中东部队的 5

---

① 彭树智：《松榆斋百记：人类文明交往散论》，第 176 页。

艘舰只，常驻美国军事人员达 3000 人左右。二是美国是巴林先进军事装备的供给国。由于与美国的特殊战略伙伴关系，巴林在中东地区进口美国先进武器方面处于领先地位。三是领导人互访。巴林与美国高层官员互访不断，美国前国防部长佩里、科恩，前任国务卿奥尔布赖特等高级官员都访问过巴林，巴林国王哈马德曾三次访美。四是在重大问题上巴林同美国保持一致。2001 年 9 月 15 日，也就是"9·11"事件后，哈马德召见美国驻巴林大使，宣布巴林在打击恐怖主义上始终与美国站在一起。布什称赞巴林是美国"伟大的朋友"。五是加强经贸联系。巴林与美国的经贸关系十分密切，美国是巴林第一大贸易伙伴。自从美国宣布启动 2010 年建立美国中东自由贸易区以来，巴林是阿拉伯国家中第一个与美国发起《美国—巴林自由贸易协定》对话的国家。

　　第二，巴林作为伊斯兰世界的一员，时刻注意本国的伊斯兰属性，特别与海湾国家寻求睦邻友好。巴林对伊斯兰世界交往的指导性原则是在不触动本国国家利益的基础上，寻求和谐、求同存异的多边外交，以解决大范围的跨国议题。巴林与伊朗关系一波三折，历史上巴林所在领土一直是波斯觊觎的对象，直到两伊战争前夕，伊朗一直认为巴林是伊朗的一部分。1997 年，哈塔米当选为伊朗总统，两国关系出现缓和迹象。2002 年 8 月 17 日，哈马德国王正式访问伊朗。2005 年 10 月，巴林外交大臣哈立德与到访的伊朗外交部长穆塔基在麦纳麦会谈后发表联合公报，双方在许多问题上达成共识。巴林和卡塔尔之间的领土争夺主要集中在两国海岸间的哈瓦尔（又译海瓦尔）岛。两国领土之争在 2001 年出现转机。2001 年 3 月，巴林与卡塔尔签署了协议，两国关系迅速升温。2001 年 3 月 17 日，卡塔尔和巴林宣布全国放假一天，以庆祝两国解决了持续 70 年的领土争端。伊朗伊斯兰革命后，巴林与伊拉克的关系出现缓和，随后一直保持着友好关系。2003 年初，在美英联军即将对伊拉克发动大规模进攻之际，哈马德还在为和平解决伊拉克问题而奔走游说。伊拉克战争后，巴林要求国际社会尽快参与伊拉克重建，认为一个统一、稳定、拥有主权的伊拉克是中东地区实现和平的基础。哈马德在伊拉克问题、中东和平进程中都表现出非凡的气度，被称为"成熟的外交家"。

第三，巴林主动参与国际社会的世界性事务与活动。巴林作为国际政治的行为体，在参与国际社会进程中并不仅限于政治与经济层面。在 2008 年 8 月北京第 29 届奥运会上，巴林运动员拉希德·拉姆齐获得男子 1500 米长跑金牌，这是巴林历史上的首枚奥运金牌。这一规范于体育范畴内的行为说明巴林作为一个小国积极主动参与国际社会，体现了巴林参与全球化与国际社会的主动性。

三　经济交往的多元格局

石油是改变中东产油国面貌的自然资源，巴林经济交往的主题内容是石油。早在公元 4 世纪，腓尼基人在海湾地区开展贸易活动的时候，就是用当地一种黑色液体照明。这是石油资源的最早记录。到了 20 世纪 60 年代，石油使得巴林等海湾国家的政治、经济、社会、文化、军事与国际关系发生了意义深远的变革，成为文明的试金石。石油对巴林的影响主要体现在以下层面。

第一，石油是巴林社会跨越式发展的原动力，推动巴林经济结构从以农牧经济为基础和以血缘关系为纽带的部族社会向以经济交往为链条的现代社会转变。

第二，石油使得巴林从昔日不起眼的文明边缘化地区成为军火、金融、资本积累、西方力量与外籍劳工聚集的地区。

第三，石油又是巴林现代化进程中，传统与现代融合的润滑剂。巴林传统的历史资源主要是阿拉伯—伊斯兰文化的巨大塑造力，因此巴林现代化进程必须克服伊斯兰教与巴林现代化问题，二者的动态多边性和涉及面广的复杂性，使得巴林现代化进程难度陡增。但石油所带来的滚滚收入使得现代化面临的一些结构性难题，如贫富分化、社会的挫折与困境得以化解，增加了伊斯兰教与现代化的适应性，使得巴林现代化的社会发展进程畅通无阻。

第四，石油所带来的现代化发展还在某种程度上固化了巴林家族化、继承性的埃米尔制度，增加了君主制的合法性。

第五，石油的国际化、战略性与不可再生性的天然属性不但加速了巴林城市化与现代产业结构的成熟，以及全面的现代化和经济的全球化，还使得巴林成为大国博弈之所，增加了巴林在国际政治中的魅力与影响力。

巴林的经济交往战略具有以下特点。

一是针对产业结构偏重石油经济的状况，兴办各种原材料加工工业，使经济发展多元化。与海湾其他国家相比，巴林的石油和天然气资源储量有限，经济自给能力不强，为此巴林政府采取多项措施，积极构建多元化的经济发展格局。20 世纪 70 年代，巴林岛上掀起了工业发展的第二次浪潮。

1971年投产的巴林铝业公司就是规模较大的一个项目。进入21世纪以来，巴林经济发展的多元化格局更加明显。除出口原油外，巴林还是第一个进行石化工业开发的阿拉伯国家。服务部门（包括旅游业、银行业）、冶炼业、铝制品等重工业在经济发展中占有非常重要的地位。

二是利用有利的国际环境，大力发展以金融业为中心的第三产业。巴林的电信、交通设施在海湾国家中首屈一指。1969年，巴林建成了中东非洲地区第一个卫星地面站。巴林首都麦纳麦机场是海湾最早具备接纳喷气客机条件的机场。巴林的邻国，如沙特、卡塔尔、科威特、阿联酋等都拥有巨额的石油收入。因此，许多外国银行想到海湾地区发展业务。这些国家的部分外汇储备都放在黎巴嫩的贝鲁特银行里。1975年，黎巴嫩内战后，国内局势一直动荡，金融活动受到影响。为吸引外国银行来巴林投资，巴林政府于1975年颁布了允许外国银行开设沿海开发分行的规定。除了不征收所得税外，还保证这些沿海开发分行的资金可以自由向母国转移，对储备比例和利息率也不作限制。由于时差关系，巴林的银行业在营业时间内可赶上东京金融市场的收盘时间和伦敦市场的开盘时间，使两地的同日交易得以实现。

三是巴林经济自由度比较高。1999年，美国《华尔街报》曾把巴林与卢森堡并列评为全球经济自由度第四位。巴林制定的21世纪发展目标是把巴林建设成为国际分拨中心、金融服务中心、外国直接投资合作中心、国际会展中心和技术培训中心。

巴林经济交往与现代化进程中还存在一些制约因素。

制约因素之一是外籍劳工的大量存在。巴林外籍劳工较多，2003 年占巴林总人口的 37.9%，达 261463 人。① 私人企业的 3/4 职位由外籍人占据。巴林岛上的外籍社区文化程度和生活待遇两极分化：一方面，这些社区包括一些具有高级学位或专业技术训练的人员。根据 1981 年人口调查，已经有 1/3 的非巴林人口受到过中学或者以上教育，几乎10% 的人口拥有大学学士或硕士学位。另一方面没有文化和技术的劳工住在非标准营房，他们的工资较低。非法外籍劳工的大量存在严重影响了巴林劳动力市场管理和就业。这是巴林社会稳定的一个隐患。巴林政府采取积极措施，促进劳动力"巴林化"，即用本土劳工代替外籍劳工已经成为大势所趋。

制约因素之二是巴林什叶派运动的抗争。巴林什叶派虽占人口多数，但政治地位低下，经济上大多贫困，并遭到多种歧视和限制。长期以来，什叶派和逊尼派的反政府力量联合反对哈利法家族的统治。20 世纪 90 年代以来，什叶派与政府的矛盾激化，其政治组织成为主要的反对派力量。面对什叶派的抗争，哈利法家族采取多种措施，以强硬政策予以回应，但在近年来，巴林当政者也实行有限的改革，而这无助于根本解决什叶派问题。若非哈利法家族锐意改革，巴林将面临更大的危机。

制约因素之三是巴林国内盛行的反美主义。巴林，这个风光旖旎，素来以国民温和著称的海湾小国近来暴力事件频仍，都与反美主义有关。席卷全球的现代化运动可以看做是起源于西方科技革命的后期现象。有学者把这种现代化称之

---

① Economist Intelligence Unit，*Country Profile 2006*；*Bahrain*，London，p. 42.

为"普遍的社会溶解剂",这种现象也被称为西方化。① 而且,尽管现代化与西方化不能等量齐观,但它们的同时出现是"历史的耦合"②。从这个角度观察,在某种意义上,现代化就意味着基督教的西方现代文化。巴林作为伊斯兰国家其现代化进程中经常出现反西方化的现象,反美主义就是其中的最普遍的例子。当然这种现象的导火索一般都是与国际政治联系在一起的。2002 年 3 月 22 日,美国驻巴林大使馆发生强烈爆炸。此前麦纳麦曾举行大规模的反战示威,示威参加者企图占领美国使馆,但被警察驱散。"爆炸和游行应该属于巴林民众的个人行为,跟政府无关。"③ 这在某种程度上说明民众在巴林现代化进程中所表现的愤懑与不满。

四 传统与现代交往的社会风貌

巴林在阿拉伯语中是"两个海"的意思。因为巴林周围的海与世界其他各地的海不尽相同,流入这里的幼发拉底河水是甜淡而清澈的,在相当大的海域内形成了一个难得的淡水区域,也就构成了海中有海的奇特现象,即一个是人们司空见惯的咸水海,另一个则是罕见的淡水海。两个不同颜色的海,营造出落差很大的视觉对比,把美轮美

① Marion, J. Levy, Jr, *Modernization and the Structure of the Societies: a Setting for International Affairs*, Prince-ton University Press, 1966.

② Danie Lerner, *The Passing of Traditional Society: Modernizing the Middle East*, New York. , 1958.

③ 袁海:《巴林:海湾小国涌动反美浪潮》,2003 年 3 月 26 日《青年参考》。

奂的景色展现在人们面前。与两个咸水、淡水海洋形成鲜明对比的是巴林社会风貌表现出传统与现代并存的特点，即开放性的时代意识与传统性的文化形态并存。

一是社会面貌的二元形态。漫步在巴林首都麦纳麦街头，你可以看到市内古老的风物与现代化设施形成鲜明的对照。一边是高耸入云的摩天高楼和豪华的银行、旅馆、新式住宅、雅静的外交使馆和宽阔马路，一边是富于阿拉伯色彩的民房和迷宫似的曲径小巷、伤痕累累的古炮台。古老的两轮马车和新型的"奔驰"轿车并驶在公路上，骆驼可以悠闲地躺在拥有亿万资金的银行门前打盹儿。妇女们有的穿着从头到脚的传统黑色长袍，有的穿着裁剪新颖的巴黎时装。这就是麦纳麦古代和现代相结合的都市风貌。

二是宗教传统与现代理念的和谐共处。传统是巴林民众的民族精神，是巴林传统价值观念和行为规范等组成的内在整体。伊斯兰教作为传统文化在巴林现代化进程中经过传承、整合，并融入现代社会。一方面，不可否认，伊斯兰教在巴林的国人生活中起着重要作用。巴林法律以伊斯兰法为依据，全国一共有7个卡迪，即伊斯兰教法执行官。《古兰经》与《沙里亚法典》是所有普通学校的必修课。除普通学校外还设有专门的宗教学校，为当地人培养教职人员。国内普遍遵行一日五次的礼拜及其他宗教仪式。一些伊斯兰妇女依然按照伊斯兰法的规定决定自己的终身大事。另一方面，随着时代的进步，女性开始在巴林各个层面崭露头角。巴林女性在国家和社会生活中的作用和地位日渐提高，妇女正在撑起属于她们的半边天。2000年国王任命了6名妇女为上院议员。2004年2月21日，开罗大学医学院的娜达·哈法兹女士被任命为卫生大臣，她也是巴林第一位女大臣。这在传统观念里是不可想象的。更令人不可思议的是，2000年7月17日，巴林公主玛丽安与美国大兵加森·约翰逊上演了惊世恋情。

三是传统工业与现代工业共生。在未发现石油之前，巴林人民主要靠采集珍珠、捕鱼、经商艰难度日。20世纪30年代以来，巴林石油开采业与石化工业飞速发展，但其曾经赖以生存的传统工业却严重衰退，昔日的农牧业、珍珠采集业已成为明日黄花，现在只剩下一颗巨大的人工珍珠被架在巴林大道的纪念柱上，供后人缅怀昔日的"珍珠"岁月。为了解决单一石油经济带来的消极影响，巴林政府从长远利益出发，利用部分石油收益，一边大力保护扶持传统工业，一边积极推进工业多样化的结构与格局。为此，巴林政府成立传统工艺品工业中心、国家博物馆与文化遗产村以及手工艺者媒介中心，来保护作为历史文化资源的传统工业。

如果说巴林在久远的古代就孕育着文明的种子，那么今天的巴林已成为一个有着自己文明传统的新兴国家了，也成为海湾地区的一颗珍珠。有着悠久历史的巴林，在这个不断变化的时代中以自己特有的方式，实现着自己既定的目标，创造着美好的未来。在历史与现代文明的交融中，激荡出独有的文明，散发着极具特色的文化魅力。

第一章

国土与人民

第一节　自然地理

一　地理位置

巴林位于西亚地区，海湾西南部，阿拉伯半岛东北部，位于卡塔尔和沙特阿拉伯之间，大约在沙特阿拉伯东北的24公里，卡塔尔半岛西北的28公里。

巴林是一个多岛屿的国家，由33个岛屿组成，面积706.5平方公里。在巴林的33个岛屿中，只有6个岛屿有人居住，它们是巴林岛（Awali，也称阿瓦利岛）、穆哈拉格岛（Muharraq）、锡特拉岛（Sitrah）、那宾萨利赫岛（Nabin Salih）、吉达（Jiddah）岛和乌姆纳桑（Umm Nasan）岛。

巴林岛是最大的岛屿，也是巴林国的主岛，为一海拔30～60米的石灰岩台地。南北长48公里，东西宽16公里，面积562平方公里，占巴林总面积的79.5%。中央有一长19公里、宽6公里的侵蚀洼地，其中有杜汉山，海拔137

米。气候干旱。多泉水，北部沿海依靠泉水和泵井灌溉，种植蔬菜与农作物，包括：椰枣、水果、小米、小麦。西南海岸低地有盐沼。杜汉山山麓产石油，油田中心在阿瓦利。炼油厂设在该岛东北部，靠近首都麦纳麦。油港设在附近的锡特拉岛。穆哈拉格岛位于巴林岛的东北部，穆哈拉格是巴林第二大城市，建有巴林国际机场、船舶制造厂。在盛产石油的杜汉山地区，一条通畅宽阔的堤道将巴林岛和穆哈拉格岛联结起来。巴林锡特拉港口建有海水淡化工厂、发电厂和石油储备库。锡特拉岛是巴林石油公司的贮油站。最小的岛屿是位于阿瓦利和锡特拉之间的那宾萨利赫岛。巴林西北部的吉达岛和乌姆纳桑岛是监狱、游戏场所、巴林皇族的私人领地以及富人花园别墅所在地。卡塔尔西部的哈瓦尔岛（Hawar 又译海瓦尔）一直是巴林和卡塔尔领土争夺的对象，实际上无人居住。

二 行政区划

巴林行政区划分为 10 区，分别为哈德（Hadd）区、麦纳麦区、吉德哈弗斯（Jidd Hafs）区、北方区（Ash-Shamaliyah）、锡特拉区（Sitrah）、中部（Al-Wusta）区、伊萨城区、里法区（Ar Rifa）、西部（Gharqiyah）区、杜米斯坦（Dumistan）区。

三 地形

巴林岛地势由沿海向内地逐渐升高，其海拔最高点为 135 米。巴林岛地形大部分是较低的沙漠平原，到中部缓慢抬升为低平的断崖，还有部分是由粗糙石灰岩组成的石山和沙地。在巴林岛中部高耸着杜汉山（Jabal ad-Dukhan），意思是"烟之山"，该山的周围经常有薄雾状的云雾环绕，石油井大都位于此山附近。巴林的其他岛屿也仅略高出海平面，地形以沙漠为主。

四 气候

巴林气候多属热带沙漠气候。其气候特征之一为春秋两季短，冬夏两季长，其中1月、2月、3月、4月、11月和12月气候舒适宜人。特征之二是岛内气候温差变化较大，每年4月到10月为夏季，气候炎热，气温接近40摄氏度。6月和7月，巴林最高气温高达52摄氏度。巴林冬季气温在10～20摄氏度之间，较为舒适。巴林年均降雨量3英寸（76毫米），农业灌溉依赖于自流泉。从9月到次年3月，巴林地区刮起夏马风（Shamal，中亚地区及海湾一带的一种寒冷的西北风），将潮湿的空气从东南部带到岛上。巴林岛在夏天经常有来自西南部的闷热、干燥的季风，但在6月巴林岛上偶尔也有一丝凉风光临，为巴林增添一丝快意。

第二节 自然资源

一 油气资源

地质史研究表明，巴林曾经是印度洋底部的一部分。后经地质结构沧海桑田的变迁，海湾中部逐渐凸现出巴林诸岛。也有地质学家认为，巴林诸岛曾经是阿拉伯半岛的一部分，由于大陆不稳定的漂移和强地震的冲击，巴林群岛才呈现出当前的形态风貌。

1902 年，专家就预测巴林拥有蕴藏石油的地质条件。1932 年，巴林第一口油井开始喷油。与中东其他国家相比，巴林的石油、天然气储量较少。2003 年，世界部分国家石油储量排名，巴林位列 66 名，石油储量为 1843.29 万吨。[①]2003 年，巴林天然气储量为 924 亿立方米。在经济发展计划中，巴林政府将资金投入到石油化工产业，如石油提炼和铝制品加工等，以应对石油天然气资源枯竭。

二　植物和动物

巴林热带沙漠气候决定了其国内动物和植物的类型。这里生长的植物具有耐干旱、耐盐碱的特点。巴林北部海岸生长有椰枣树、杏仁树、无花果和石榴树。巴林岛上有羚羊、蝎子、蛇、野兔和刺猬等动物。巴林岛鸟类繁多、品种各异，大多是从海湾其他地区迁移来的季节性候鸟。

三　淡水资源

巴林地下蓄水层蕴藏着丰富的淡水资源。几千年来，巴林一直是印度和其他国家船只淡水资源的补充基地。20 世纪 70 年代末 80 年代初，由于天气干燥，人口的增加，巴林一度够用的水资源变得短缺。1973 年，巴林居民日用水量从 1500 万升增加到 2100 万升。1978 年，巴林居民

---

① 参见 http：//5idili. pkm. cn/ArticleDetail. aspx？DetailID＝347343。

日消费用水 6800 万升。1982 年为 1. 15 亿升。① 用水量的持续增长使地下水供给紧张，巴林政府在锡特拉地区成立国有水资源净化工厂。1982 年春，巴林政府与瑞典一公司签订合同，要求瑞典公司帮助巴林修建一个日供给达 2500 万加仑（1. 14 亿升）的海水净化工厂。1982 年 5 月，巴林成立了水资源委员会，由总理亲自领导，5 个内阁部长和麦纳麦市长负责具体事务。1982 年夏，意大利建筑公司在锡特拉地区修建了 3 个淡化水厂。同时巴林水资源委员会关闭了许多自流水的泵站。尽管如此，在夏天用水高峰时，巴林还会发生水短缺问题。1985 年 11 月，英国的瓶子公司同意向巴林超市日供应 1. 6 万升井水，这一合同开价为每年 210 万美元。

巴林的淡水资源主要用于土地灌溉和居民饮用。但随着淡水层的衰退和下降，海水逐渐倒灌并渗透到淡水层，导致巴林岛农业灌溉用水和生活用水出现紧张。为解决这一问题，巴林引进新技术，修建了许多脱盐和海水淡化工厂。到 1997 年，巴林 50% 的淡水资源来源于海水淡化工厂。麦纳麦城市地下水资源极为丰富，汩汩涌出的泉水形成片片小湖和条条溪流，使这个岛国的景色格外优美。

随着生活水平的提高和生活方式的改变，巴林用水量不断增加。2007 年，巴林每人日均用水高达 600 升，而全球每人日均标准为 180 升。巴林水电部负责保护水资源的负责人阿卜杜尔·阿里博士（Dr Abdul Ali）透露，2006 年，巴林用水达 1. 69 亿立方米，预计 2025 年将达 2. 2 亿立方米。他

① Fred H. Lawson, *Bahrain: The Modernization of Autocracy*, Westview Press, 1989, p. 15.

们呼吁巴林国民节约用水，保护有限的水资源，以保证社会经济的可持续发展。

第三节　居民与宗教

一　人口

林人口在 2005 年为 72.5 万，外籍人占 40%，主要来自印度、巴基斯坦、孟加拉、伊朗、菲律宾和阿曼。巴林人口发展具有以下特点。

一是城乡人口界限模糊。短距离的联结、交通和运输设施的改善，市场体系的整合使巴林成为由一系列小村庄连接起来的大都市，巴林城市和乡村的界限变得日益模糊。这些村庄在历史上是农业中心，位于阿瓦利海岸北部和西北部地区。村庄居民中文盲较多，识字率比其他国家和地区的居民都低，他们说阿拉伯方言。

二是人口以城市为中心聚集。20 世纪 30 年代中期，杜汉山北部的阿瓦利等石油生产区扩大为城镇，人口以此为中心发展起来。20 世纪 50 年代末到 70 年代，巴林 80% 的人口生活在城市。巴林是城市化程度很高的国家，目前有 90% 居民住在城市，麦纳麦和穆哈拉格人口占全国总人口的 38%。

三是巴林人口集中于三个不同的社区，即贝都因社区、里法社区和阿里社区。这些社区建于 19 世纪中期，20 世纪 70 年代中期。由于许多王公贵族到这里定居，于是政治中心从麦纳麦转移到贝都因、里法社区及其周围地区。阿拉伯海湾大学和警察训练学院均位于这些社区内。

四是巴林人口年龄结构较为合理。2003 年末，15 岁以下的人口占 28%，65 岁以上的人口占 25%。①

20 世纪 80 和 90 年代，巴林人口迅速增加。1986 年，人口增长率高达 7.3%，增长的主要原因是外籍工人大量涌入。1991～2003 年，由于巴林政府实行巴林化的经济发展战略，人口增长率降到 3.1%。巴林外籍人口具有如下特点。

一是外籍人口增长较快。据 1965 年的人口普查，非巴林人口占国家总人口的 21%；1976 年，增加到 24%。1981 年，增加到 32%，大约有 11.24 万人。外籍人口持续增加的主要原因是巴林就业容易，需要大量的劳动力。1982 年，仅政府部门就为外籍劳工提供了 26562 个岗位，主要是工人、服务人员和专业技术人员。据统计，到 2003 年末，巴林人口为 689418 人，其中 62.1%（427955 人）是巴林籍，其余的大都是外来移民（主要来自亚洲），他们占经济活动人口的 57%（这一数据不包括军事和安全雇员，他们在 2004 年大约为 4 万人）。2004 年 12 月 31 日统计数据显示，巴林总人口为 707160 人。其中 438209 人拥有巴林国籍，占总人口比例的 62%；其余 268951 人为非巴林国籍的外国人，占总人口比例的 38.8%。据 2007 年的数据，巴林总人口 1046814 人，其中巴林籍 529446 人，外籍 517368 人；就业人数 379471 人，占总人口的 36.3%，同比增加了 7.8%。从国际标准来衡量巴林外来移民人口比例似乎很高，但从海湾地区标准来看，却属于低比率的行列。2007 年 6 月 9 日，设在日内瓦的国际移民组织同意给予巴林为该组织的观察员地位。

---

① Economist Intelligence Unit, *Country Profile 2006*：*Bahrain*, p. 16.

二是外籍人口来源地范围较广。巴林岛外籍移民主要来自南亚地区。1971 年，来自南亚的移民占总移民数的 1/3，占雇佣人口的 1/4。1977 年，印度、巴基斯坦和南亚其他国家的移民涌入巴林，占巴林移民人口的 2/3，此外阿曼、伊朗、伊拉克和海湾其他国家移民也占较大份额。到 1981 年，越来越多的朝鲜、泰国和菲律宾劳工来到巴林。20 世纪 80 年代，英国人和美国人也进入巴林。

三是从事职业的多样性。外籍劳工有的在巴林私有部门工作，从事制造业、建筑业和服务业，也有部分外籍工人在国有企业工作，主要从事管理和技术性质的岗位。1971 年，国有部门雇佣 3900 名非巴林人，占工人总数的 27%。但 10 年以后，在国有企业工作的外籍劳工增加到 13100 人，占工人总数的 38%。20 世纪 80 年代初，这一数字开始下降。1979 年

表 1－1　巴林生产部门职工国籍构成百分比

	1971 年		1981 年	
	巴林人	非巴林人	巴林人	非巴林人
农业和渔业	75.1	24.9	49.7	50.3
矿　业	95.3	4.7	—	—
制造业	66.0	34.0	45.3	54.7
电力业	86.8	13.2	11.2	88.8
建筑业	54.2	45.8	7.5	92.5
商业贸易	63.0	37.0	10.5	89.5
运　输	65.4	34.6	52.3	47.7
金　融	68.3	31.7	62.3	37.7
服务业	59.4	40.6	7.1	92.9
其　他	77.6	22.4	—	—

表 1 - 2　1999~2003 年巴林人口数据

年　份	1999	2000	2001	2002	2003
巴林人	388732	398221	407959	417940	427955
巴林人占总人口的百分比	62.6	62.5	62.3	62.2	62.1
男性巴林人	196190	200903	205720	210814	215848
女性巴林人	192542	197318	202239	207126	212107
非巴林人	232275	239361	246660	254184	261463
非巴林人占总人口的百分比	37.4	37.5	37.7	37.8	37.9
男性非巴林人	160866	165344	169954	175407	180430
女性非巴林人	71409	74017	76706	78777	81033
人口总数	620987	637584	654619	672124	689418
15 岁以下的人口	176650	178815	180974	187105	190107
15 岁以下的人口占总人口百分比	28.4	28	27.6	27.8	27.6
65 岁以上的人口	15380	15975	16586	16869	17376
65 岁以上的人口占总人口百分比	2.5	2.5	2.5	2.5	2.5
人口出生率(%)	2.9	2.8	2.6	3	

资料来源：Central Informatics Organization, *Country Profile 2006*。

巴林石油公司的外籍劳工占 1/2，1982 年降为 1/3。[①] 巴林天然气公司的外籍劳工比例较高，但"巴林化"，即用本土劳工代替外籍劳工已经是巴林劳动力市场主要趋势。

[①]　Fred H. Lawson, *Bahrain: The Modernization of Autocracy*, Westview Press, 1989, p. 20.

二　民族

民族构成来看，巴林居民大多数属于阿拉伯民族，约占 62.1%。其余是来自印度、巴基斯坦、伊朗、东南亚国家以及西方国家的外来移民。

三　语言

方语言是阿拉伯语，通用英语。

四　宗教

巴林人信仰的宗教有犹太教、基督教、袄教与伊斯兰教。在波斯统治巴林期间，犹太教、基督教和袄教都相继传入巴林。7 世纪，伊斯兰教传入巴林，成为巴林人信仰的主体宗教。

1. 什叶派

15 世纪，巴林与伊拉克的库法和纳杰夫一道成为什叶派宗教教育和学术研究的中心。1782 年，信奉逊尼派的哈利法部落自卡塔尔征服巴林，结束了什叶派在当地占主导地位的历史。什叶派遭到驱逐和杀戮，不得不退居岛屿的西部与北部，岛屿东部则被逊尼派占据。19 世纪 20 年代，来自沙特的达瓦斯尔（Dawasir）部落受邀协助哈利法部落夺占岛屿土地，什叶派的生存空间进一步缩小。什叶派村庄由哈利法部落征服时的 313 个缩减为现今的 50 个。自 18 世纪末期起，哈利法家族成为巴林的统治者，什叶派文化在当地的兴盛期宣告终结。这成为以统治者哈利法家族为核心的逊尼派和当地什叶派矛盾的历史根源。自此，哈利法家族自称"征服者"，而把可以合法攻击和剥夺财产的当地什叶派称为非穆斯林，相应的，许多巴林什叶派至今仍然把哈利法家族看做外来的侵略者和压迫者。

　　在哈利法家族占领巴林后，许多逊尼派阿拉伯人随之进入岛内，但什叶派始终在当地占据相当比例。1941 年，巴林官方曾进行过人口调查，穆斯林占本土人口的 98%，其中53% 属于什叶派。[1] 20 世纪 80 年代中期，巴林什叶派人口接近于 70%。[2] 巴林什叶派按民族来源主要分为两类，一类为本土巴林人，属阿拉伯人，约占总人口的 50%，他们是反对哈利法家族的主要力量；另一类是伊朗裔什叶派，20 世纪之前进入巴林，约占总人口的 20%。尽管什叶派占巴林人口的绝对多数，但他们在国家中处于边缘地位，无论是政治和社会地位还是经济实力都无法与以哈利法家族为核心的逊尼派相提并论。什叶派政治地位低下，无力影响国家决策，由于各种限制，难以享有政治权利。在涉及国家安全的部门，只雇用逊尼派，什叶派基本被排除在外。在王室法庭、国民卫队和情报机构中完全没有什叶派，内政部和军队中则不到3%。而在政府中任职的什叶派人数远低于其所占人口的比例。2003 年，在政府 572 个高级职位中，只有 101 个由什叶派担任，约占总数的 18%，47 个部长级官员中，仅有 10 个

[1]　Fahim I. Quban, "Social Classes and Tensions in Bahrain," *Middle East Journal*, 9, Summer 1955, p. 270.

[2]　James A. Bill, "Islam, Politics, and Shi'ism in the Gulf", *Middle East Insight*, 3 (July – August) 1984, p. 6.

为什叶派。[①] 即便什叶派担任内阁部长，也只能主管卫生和劳工等没有实权的部门。什叶派向政府部门提交的求职申请绝大多数遭到拒绝，而逊尼派的则往往获得通过。在 2002 年的议会选举中，议员名额分配极不合理。居民主要为逊尼派的南部省，398 名选民即可选出一名代表，而什叶派聚居的北方省则需要 13655 人才能选出一名议员。由于什叶派在政府中缺少有力的政治代表，根本无力维护自身的合法权益。

多数什叶派人生活贫困，他们构成巴林贫民的主体。虽然巴林人均国民收入很高，2005 年达 14370 美元，但贫富分化严重，国家财富高度集中于少数逊尼派人当中，尤其是哈利法家族不仅拥有巴林岛的大部分土地，也掌控着全国的石油资源。相反，绝大多数什叶派人生活则处于平均水平线以下。逊尼派几乎都居住在城市，农村居民几乎都为什叶派。什叶派人的失业率远远高于逊尼派。20 世纪 90 年代以来，巴林经济增长乏力，失业人数逐年增加。官方发布的失业率数字不到 2%，但实际数字远高于此，有人估计男性为 16% ~30%，几乎都是什叶派，而女性则比此更高。[②] 即便什叶派人找到工作，大多工资较低，难以维持正常开支。在农村，什叶派贫民住房简陋，不少 10 人以上的大家庭拥挤在 3 间小屋之中，至少 4 万个家庭等待政府承诺资助的住房。

什叶派遭受多种歧视和限制。巴林什叶派认为，本国国民实际上形成 6 个等级，从高到低依次是哈利法家族、逊尼

① Zara al-Sitari, "Conspiring against the Shi'a of Bahrain", http://www.bahrainrights.org/node/652.

② Louay Bahary, "The Socioeconomic Foundations of the Shiite Opppsition in Baharin", *Mediterranean Quarterly*, Summer 2000, p. 137.

派部落、商人（其中只有极少数什叶派）、专业技术人员、伊朗裔什叶派和本土巴林什叶派。[①] 由于至今巴林什叶派的身份从其姓名即可辨别，他们极易成为受歧视的对象。无论是教育还是就业，什叶派都无法享受与逊尼派同等的待遇。虽然什叶派忠于国家，却无端受到猜疑和防范。国家安全机构宁愿雇佣外国逊尼派穆斯林，也不肯使用本国什叶派。外国警察往往随意搜查住所，恶意破坏财物，引起了什叶派的极大不满。另外，哈利法家族为了安全，还在巴林岛实行隔离政策。岛屿繁华的西部里法（Riffa）地区由哈利法家族居住，而东部地区只对逊尼派开放，什叶派不得在里法居住，更不得在那里拥有土地。[②] 政府的投资主要集中于东部和里法地区，致使王室和什叶派居住地区的生活条件和设施之间形成巨大的反差。为了改变国内两大教派的人口结构，巴林政府还鼓励外国逊尼派移居巴林。1998 年，就有来自约旦、叙利亚和也门等国家的 4 万~5 万逊尼派阿拉伯人获得了巴林国籍。[③]

除此而外，比敦（bidun，意思是没有，即没有国籍）人的境遇也颇受外界关注。他们生活在巴林社会的最底层，主要是来自伊朗的什叶派。20 世纪中期以来才进入巴林，人数约 2 万~3 万。比敦人虽然有些已到第三代，但不拥有巴林国籍，仍然没有合法的居住权，无法享受社会和政治权利。他们被视为外国人，不能送孩子入公立学校，也不能接受免费医疗。比敦人生孩子要向政府缴纳 100 第纳尔（约 263 美元）的生育税。

---

① Graham E. Fuller and Rend Rahim Francke, *The Arab Shi'a*: *The Forgotten Muslim*, New York: St. Martin's Press, 1999, p. 122.

② International Crisis Group, *Bahrain's Sectarian Chanllege*, 6 May 2005, p. 8.

③ Louay Bahary, op. cit., p. 134.

2. 逊尼派

尽管逊尼派人数较少，但自从 17 世纪以来，逊尼派一直得到最有势力的哈利法家族的支持，在巴林国家占据优势与统治地位。18 世纪，哈利法家族从卡塔尔移居巴林，宗教权威一直与部落权威形影相随。到 19 世纪末，统治者任命了逊尼派法理学家主持诉讼法院，包括处理巴林部落间的争斗和私人家庭纠纷案件。宗教与政治形成统治联盟，前者为后者寻求政治合法性，后者则为前者提供庇护与保障功能。

巴林逊尼派分为三个不同的学派：一派属马立克教法学派（Maliki），另一派属于罕百里教法学派（Hanbali），第三派是沙菲仪教法学派（Shafi）。哈利法家族及其部落联盟崇奉马立克教法学派，他们严格遵守伊斯兰教法和圣训，尊重《古兰经》经典的规范解释。巴林商业精英集团构成了罕百里教法学派的主导力量。

因此，巴林的宗教派别包括居主导地位的逊尼派和处于次要地位的什叶派。前者与逊尼派主导政权的阿拉伯国家联系紧密，后者坚持伊斯兰教的十二伊玛目学说，长期与伊朗的什叶派密切联系，并经常去伊拉克圣城纳杰夫和卡尔巴拉朝觐。目前巴林境内信仰伊斯兰教人数占总人口的 85%，其中，什叶派占 2/3，逊尼派占 1/3。巴林实行宗教信仰自由政策，国内的外籍居民大多信仰基督教，占外国人的 92%，其余外籍居民大多数信仰印度教、佛教和犹太教。

五　社会结构

巴林社会分为三个阶层：第一阶层包括哈利法家族在内的统治阶级和商业寡头；第二阶层是与哈利

法家族结盟的阿拉伯部落，中央国家机关行政人员，大城市的巨贾；第三阶层包括城乡工人、工匠、技工、农民等阶层。阶层之间的利益冲突决定了国家社会力量之间联盟模式以及巴林国家的稳定程度。

哈利法家族是巴林阶级结构中的主要力量。18 世纪 80 年代以来，他们通过没收部族土地，任命家族成员管理地产，从事商业等方式一直控制该国。巴林的商业寡头大都是与哈利法家族有密切关系的富商家族。18 和 19 世纪，商业寡头控制了巴林的珍珠市场。这在石油发现以前是最获利的行业，主导着巴林的经济结构。随着石油的开发和英国在巴林的出现，富商将眼光转向土地投机、建筑业以及为当地海军和空军基地提供商品供给。商业寡头是巴林统治集团重要的支持力量，不仅为政权提供财政支持，而且还为中央政权提供政治咨询。随着对巴林岛的征服，有影响的艾尔·本·阿里（Al Bin Ali）和达瓦斯尔（Dawasir）家族控制了阿瓦利（Awali）东北海岸盛产珍珠的村庄。尽管他们因这些村庄而暴富，但哈利法家族与其盟友的关系发生变动。19 世纪 30 年代，哈利法家族和艾尔·本·阿里家族的矛盾演化为战争。1923 年，达瓦斯尔（Dawasir）家族与英国支持的哈利法家族发生冲突，被迫移民到哈萨海岸的达曼。20 世纪 30 年代，哈利法家族在巴林的权威日益巩固，大多数部落成员表示臣服，哈利法家族的忠诚者被任命为政府和军队中的军官。

整体来说，巴林城市商业精英包括两部分：一部分家族植根于巴林岛中部，另一部分是在巴林珍珠业繁荣时从海湾海岸来的移民。前一部分包括与哈利法家族结盟的纳吉迪斯家族，其商业网络伸张到印度次大陆，是南亚地区珍珠业的主要供给者。以麦纳麦为基地的商业寡头都是波斯人，这些家族在 19 世纪末 20 世纪初主要从事珍珠业，他们与波斯有着长期联系。

巴林社会的第二个阶层是国家的行政人员。政府高级官员来自巴林岛的商业社团，但中级雇员则来自巴林社会的各个阶层。巴林本土小商人和店主来自三个不同地区：第一个是来自科威特的逊尼派，他们的祖先陪伴哈利法家族于 18 世纪来到巴林岛；第二个是植根于哈萨（Hasa）地区的什叶派商人；第三个是波斯的什叶派人士，他们长期受到巴林本土居民的敌视。① 这些人集中在麦纳麦、胡拉（Hurra）和阿加木（Ajam）等地，其成员被排除在巴林主流社会之外，影响力较小。

三股不同的力量构成了巴林社会的下层：即小商人、农民和手工业工人。小商人的生存依赖于与商业寡头的合作。19 世纪末 20 世纪初，他们互相竞争，导致两败俱伤。但是，随着哈利法家族在巴林政治地位的巩固，小商人阶层设定了一套支持现政权的模式，成为哈利法家族支持者，也为自己提供了发家致富的机会。农民大都是什叶派穆斯林，是居民中的最主要的部分。20 世纪 90 年代以前，尽管巴林岛财富主要来源于巴林的珍珠业，农业仍是巴林国家经济的重要产业。

哈利法家族的土地没收政策损害了巴林本土农民的利益，肥沃的农业土地被转变为商业地产。但巴林乡村中的工匠和

---

① B. D. Hakken Anthony, "Sunni-Shia Discord in Eastern Arabia," *The Muslim World*, 23, July 1933, pp. 302–305.

手工业者并不受统治家族和部落力量的控制。例如吉德哈弗斯（Jidd Hafs）的草药生产者，阿布塞比（Abu Saibi）和萨那比斯（Sanabis）两地的刺绣商品生产者，他们在20世纪50年代还处于自治状态，直到今天仍有小规模的私人土地。

城市人口大多数属于工人和低水平的雇佣者，这些无产阶级主要集中在麦纳麦和穆哈拉格的旧郊区，是巴林最贫穷的地区。他们既有逊尼派，也有什叶派。本土的工人在反对外来移民，如波斯人、阿曼人和印度人时表现出团结意识。

第四节　民俗与节日

一　家庭服饰

巴林人家庭生活规范主要以部落习俗和伊斯兰教为基本准则，处于中东各种力量汇聚的地缘政治格局，使得巴林家庭更具大都市开放性社会的特征。

家庭是巴林社会的核心单位，男人和女人大都按照宗教和习俗所规定的性别角色来规范自己。但是，巴林比其他国家更自由、开放，大多数妇女都接受过教育，她们能够在企业中施展自己的才华。居住在乡村的妇女一般都遵循传统的宗教规定和生活秩序，担负着相夫教子的职责。《古兰经》允许穆斯林男子娶4个妻子，条件是丈夫有能力供养他们，并一视同仁。巴林男子大都娶一个妻子，在家庭中，男人一般地位较高，享有权威。巴林小孩一般都与家人住在一起，直到结婚。婚姻一般由父母做主，年轻人不允许私下约会，不过现在婚姻当事人已经掌握了婚姻自主权。

按照《古兰经》规定，女性全身为羞体，避免暴露在外。在乡村地区，大多数巴林人都穿传统服饰。在首都麦纳麦等大都市，有一些城市居民也穿着西方的流行服装，显示出巴林社会的多样性。巴林妇女可以在公共场所抛头露面，头部、脸部和手可以露在外面。妇女穿传统棉丝做成的长袍，里面穿松散的内衣。长袍一般颜色明亮，上面装有刺绣等装饰品。在特殊的场合下，妇女可以佩戴金银等饰品。头用头巾包住，仅脸部留在外面。在公共场合，妇女遮脸的物件是一个名为米尔法（milfa）的网状遮盖物。男人的传统装束被称为思瓦卜（thawb），是一件带有长袖、没有领子的白布棉织长袍。男子在冬天一般穿着由驼毛制成的长袍。

二　娱乐和休闲

林人喜欢各种休闲活动，包括赛马、球类运动、沙漠露营等。几个世纪以来，驯养马匹一直是阿拉伯半岛民众所珍视的民间传统。据说易卜拉欣的儿子伊斯玛仪是阿拉伯半岛驯服马匹的第一人。今天，富有的巴林人都以拥有纯种的阿拉伯马而自豪。巴林人十分喜欢骑马学校和赛马俱乐部。

西方文化也在巴林运动中展现出来。许多巴林居民喜欢板球、棒球、网球、壁球和高尔夫球。足球是巴林人最喜欢的体育运动。

巴林人的祖先大都是居住在沙漠地区的贝都因人。现代浪漫的巴林人喜欢乘车携全家到大沙漠里，搭起帐篷，度过自己愉快的周末，并回味祖先的艰难岁月。巴林小孩喜欢玩捉迷藏等游戏，享受童趣。女孩喜欢用旧衣服做成的玩具来表演节目，男孩喜欢乘自制游船参加竞赛。

三　饮食习惯

巴林为伊斯兰国家，正式宴请须用清真餐，不上酒。但巴林社会比较开放，很多饭店可以提供猪肉和酒类。巴林人的饮食表现在烹调风格的丰富多彩，传统菜肴主要利用本地原料，包括水产品、羔羊、稻米和椰枣。鲜美食物一般都要加入香料。

巴林岛内土地肥沃，适合种植多种蔬菜和水果，如椰枣、香蕉、芒果、石榴、黄瓜和西红柿。肉类主要来自其他国家，但在本地很容易获得鱼类和小虾，渔民以此为生。

巴林与其他阿拉伯国家一样，有喝咖啡的传统。巴林人在咖啡中加上小豆蔻、藏红花，它们有玫瑰香味，用小杯品尝。传统的习俗要求客人在饮尽一杯咖啡后，然后再饮第二杯。客人可以通过摇动杯子表示拒绝。

四　习俗与禁忌

巴林商业礼俗：冬天与客户约会时，宜穿保守式样的西装，拜访时必须先预约。另外还需注意拜会时间，通常每周五、六、日巴林人不上班。巴林商界喜欢以咖啡代替饮酒，宴会多在家中举行。

巴林有不少奇特的风俗和纪念日。相传在每年的伊斯兰教历 8 月 15 日夜，安拉决定人们一年的生死祸福，故而在这一天，穆斯林白天封斋，夜间诵经、礼拜，以求安拉赐福人间。

穆斯林妇女一般都深居简出，如需外出，须戴上盖头或面纱。伊斯兰教认为，妇女全身除手脚外都是羞体，而男人窥见陌生妇女的面容，则被认为是不吉利的事。

在巴林，订婚时，男方要给女方一定聘礼，新娘用来购买首饰、衣服、香水和家庭用品。巴林人结婚时，同村的小伙子们把新郎送到新娘家。新娘梳洗完毕在手和脚上涂抹花粉软膏，穿上纳沙勒，然后围以毯子，坐在新郎房间的椅子上，妇女们做完这一切后念道："愿真主赐福给你！"之后，新郎揭开新娘的面纱，取下戴在她头上的斗篷，双膝跪下，祈求真主赐福于未来。

五　节　日

元 旦：公历 1 月 1 日

开斋节：伊斯兰教历 10 月 1 日

宰牲节：伊斯兰教历 12 月 10 日

伊斯兰教新年：伊斯兰教历 1 月 1 日

阿术拉节：伊斯兰教历 1 月 10 日

圣纪：伊斯兰教历 3 月 12 日

国庆日：公历 12 月 16 日

第二章

历　史

第一节　上古简史（7世纪以前）

一　万冢之岛

历史上的巴林一直是海湾沿海地区居民埋葬亲友的坟地，是史前时期世界上最大的冢林。考古学家在岛上发掘出大量的坟墓，这些坟林墓海，分布在巴林岛北部，位于首都麦纳麦以西，绵延数十里，占地30多平方公里。由于年代久远，前人之墓被泥沙埋没，后人复葬其上，一层叠一层，终成山丘，最高达10米。据不完全统计，全部坟茔有17万座以上。一个个人工土丘，横排竖列，蔚为奇观。从飞机上俯瞰，若万千起伏的浪头，似十万大军集结的帐篷。1879年，英国人初次进行发掘，才知道这些土丘是坟墓。巴林因此被称为"万冢之岛"或"死岛"。由此历史学家断定巴林早期历史的缺失和空白。但是现代考古资料证明，巴林很早就是一个"活岛"，拥有自己鲜活而悠久的历史。

众多的历史坟冢是历史学家考古的宝贵资源，巴林因而成为考古学家神往之地。考古学家对已掘的 70 多座坟墓进行考证，发现古墓的历史上限在公元前 3000 年的青铜器时代。在坟层之下和坟林附近，发现古人的部族聚落和城镇的遗址。毫无疑问，巴林古代曾经出现过灿烂的文明，有过人口众多的城市。

巴林古墓有两类。多数是单墓，比较简陋，可能是葬平民的。墓道用石灰石砌成，地上铺细砂，墓顶盖石板，墓门朝西，遗骸头朝东、足朝西，作弓形侧卧。双墓并葬的不多，大概属上层人物所有。墓如两层楼，坟头高出地面 4.6 米，直径 20 米。墓室设在东向终点，两侧有耳室，底层右墙开了两个窗户。

陪葬品甚为丰富，除了羊、羚羊、狗等动物的骨殖和大量的条纹陶罐、红釉花瓶、金属矛头、匕首外，还有黄金制的辟邪佩物，刻有精细花纹的青铜器、银器，鸵鸟蛋壳制的饰物，象牙制的小盒子等。

地下埋着两座城市的遗址，城墙基础厚 4 米，城内房屋多为正方形石屋，庙宇有宽阔的石门、巨大的祭坛和施行宗教洗礼仪式的水池。它们同四千多年前的摩亨佐达罗遗址或巴比伦城一样古老。表层出土的文物有印度的陶器，地中海沿岸的青石制品，东非的象牙制品，中国的灯碗、马灯、手推小磨、古钱，说明古城对外贸易交往的频繁与兴盛，交往地域范围的扩大。

二 早期考古文明

考古研究证明，早在 5000 年前巴林岛上就有人居住，但历史学家对巴林早期居民的具体情况知之甚少。公元前5000~前3500年，巴林岛上产生了与阿拉伯半岛上类似的新石器文化。1953年，丹麦考古学家毕比教授和格罗布教授带领考察队穿过阿拉伯半岛东部的茫茫沙漠来到巴林岛。这批丹麦人一着手工作就幸运地获得了考古学上最宝贵的文物，他们在巴林岛中部找到一批燧石制的箭头，经科学考察分析这些文物属于10万年前巴林居民的遗物。① 毕比教授和格罗布教授兴奋之余，展开对文物的深度研究。通过研究发现，早在公元前3000年的时候，巴林岛上已经出现城市。城市石屋宽敞明亮，鳞次栉比，房屋沿着笔直的街道修建成正方形。城墙四周修造了高大而宽阔的石墙，用来抵御陆上和海上的侵略者。从考古研究发掘出的城市房屋和围墙的遗址、大型的祭坛、施行宗教仪式的水池，可以证明巴林岛上居民喜好规模宏大的建筑物。古代巴林的能工巧匠将城市建筑艺术与手工艺术灵巧地融合在一起，掌握了制陶工艺。他们用红黏土制造出具有独特形状和图案的器皿，与苏美尔和印度制品的艺术风格截然不同，甚至与晚期的巴林陶器的制作风格也不一样。

从公元前3000年代起，巴林岛开始进入文明社会。巴林岛北部巴尔巴尔村附近的神庙被改建为两河流域捷姆迭特·那色时期（约公元前3100~前2900年）类型的神庙。巴林统治者的交往活动主要集中在商业和外交等相关领域。公元前3000年代中期，巴林岛与苏美尔城邦的贸易往来十分频繁。从巴林岛上坟墓增加的现象来看，巴林人口增长明显：巴林北部卡拉特出现城市是这一时期文明进步的重要标志，

---

① 〔苏〕瓦·拉·波将斯基著《巴林》，北京人民出版社，1974，第4页。

具有桥状图案的陶器是这一时期最具有特色的器物，神庙被改建为哈法耶椭圆形的神庙。公元前3000年代后期，阿卡德帝国（伊拉克）可能一度征服了巴林。据说，萨尔贡（约公元前2291～前2236年）"三次包围沿海地带，征服了迪尔蒙（巴林）"；巴林是阿曼和巴比伦之间铜矿贸易的中转站。这种地理优势使得巴林的经济力量和军事力量在公元前2000年左右达到了鼎盛时期。此后，两河流域铜矿生产中心转到塞浦路斯，巴林铜矿贸易中转站的优势消失了。然而，巴林的地缘重要性并没有下降。直到罗马帝国时代，巴林岛一直以商业中心而著称于世，其主要贸易产品是珍珠业、渔产品和农产品。

苏美尔人重视海湾，他们想方设法使海湾沿岸地区及附近岛屿归属自己。公元前2795～前2739年，苏美尔人派遣了几支远征军征服这些地方的居民，试图开辟一条从海湾起、经两河流域直通地中海的商路。公元前2132年，乌尔王国控制两河流域，加强与巴林的联系。古巴比伦王国统治者汉穆拉比（约公元前1792～前1750年）在位时，仍然与巴林进行交往。古巴比伦王国衰落后，特别是在加喜特人侵占巴比伦时期（公元前1518～前1204年），现今的巴林群岛领土上还存在着一个独立国家，其名字无从查找，成为历史之谜。公元前1000年左右，这个国家消失了，巴林岛上出现了腓尼基人。公元前1000年，巴林处于两河流域霸主的控制之下，该地区群雄逐鹿、频繁易主。

考古与文献材料表明，公元前3000年代前，古代巴林与外界的贸易往来不多，巴林岛上的文化与附近的大陆上的文化没有多大区别。公元前3000年代早期是古代两河流域海上贸易的初期阶段，巴林地方文明发展得较快。公元前 3000 年代中期以后，两河流域与巴林、阿曼和印度河流域建立了直接海上贸易联系，巴林岛上的文化发展呈加速之势。公元前 3000 年代末与公元前 1000 年代前期，海上贸易达到鼎盛，巴林文化也趋于成熟。公元前 1000 年代中期以后，巴林处于两河流域文明圈内。

三 迪尔蒙文明

巴林因独特的商业贸易中转站地位，而成为中东商业中心。两河流域地区缺乏铜和木料等资源，因此居住在那里的苏美尔人必须经过海湾才能到达阿拉伯半岛和印度河流域（现在的巴基斯坦），通过贸易交换获得这些商品。因此，商路沿线城市发展成为贸易中心和小站，水手在这里囤积淡水和交换货物。公元前 4000 年，位于巴林的迪尔蒙成为古代城市中最重要的贸易中心。

"迪尔蒙文明"是海湾地区出现的早期文明之一。在美索不达米亚遗址中出土的楔形文书泥板中，记录着苏美尔人的创世神话。同时它将"迪尔蒙"描述为"神圣的"和"纯洁的"地方。巴比伦时期的《吉尔伽美什史诗》也提到乌鲁克国王传奇英雄吉尔伽美什航行到迪尔蒙寻求永生的故事。因此，"迪尔蒙"被誉为"太阳升起的地方"和"永生之地"。从苏美尔、阿卡德、波斯和希腊的史料来看，迪尔蒙指的就是巴林，由于处于美索不达米亚和印度洋的交通要道，岛上丰沛的泉水、葱茂的绿洲和盛产珍珠蚌的浅海滩，吸引了大陆居民来岛定居。

公元前 3000 年，迪尔蒙发展成为古代世界的贸易中心之

25

一。公元前 2000 年左右，迪尔蒙达到鼎盛时期，范围扩大到科威特和沙特阿拉伯东部地区。到公元前 2200 年前，迪尔蒙仍是最重要的贸易中心。从公元前 2200～前 1600 年，迪尔蒙控制了海湾地区的贸易线路，十分富有。迪尔蒙居民将城市加固，并精心建起了神庙。公元前 1000 年左右，巴林地区贸易物品种类多样，包括铜矿、香料和薰香。考古学家在巴林岛的卡拉特发现了一个大约从公元前 2300 年至 16 世纪的多层次古代文明遗址，其出土文物包括住宅、商贸、宗教和军事设施。这里曾经是一个重要的贸易口岸，它是迪尔蒙的首都，也是迪尔蒙文明最重要的标志。2005 年，该地区被列入《世界文化遗产目录》。

公元前 5 世纪，巴林群岛被希腊人称为阿拉德岛（Arad）。根据希罗多德和查士丁尼的文字记载，公元前 10 世纪，阿拉德岛被来自叙利亚和巴勒斯坦沿海地区的腓尼基人控制。这里是转口贸易中心。腓尼基人利用岛上的地下水开辟了棉花种植园，种植园在当时地中海沿岸各国的经济发展中发挥了一定的作用。公元前 5 世纪后，希腊和罗马人的船只出现在海湾，腓尼基人被迫撤离，巴林作为转口贸易中心的地位迅速下降。到公元前 4 世纪末，亚历山大大帝（公元前 336～前 323 年）派遣一支希腊船队开往海湾。公元前 4 世纪后期，亚历山大的海军将领在科威特的法拉卡岛上建立移民定居点后，希腊人的影响向南辐射到巴林，迪尔蒙地区的希腊名字是提洛斯（Tylos）。亚历山大死后，迪尔蒙成为马其顿帝国的领土，其继承者塞琉古王朝随后成为该地的主人。希腊文化对巴林地区的影响在陶瓷、玻璃器具类和珠宝类等制作中有所体现。公元前 250 年，波斯帕提亚

（Parthia）人控制了巴林地区。为了控制海湾的贸易线路，他们将海湾划入自己的势力范围，并在巴林建立军事基地。公元 3 世纪，波斯的萨珊王朝（Sasanian）将巴林纳入政治版图。

第二节　中古简史
（7 世纪至 18 世纪中期）

一　巴林居民皈依伊斯兰教

阿拉伯人来到海湾同公元前 1000 年末期闪族各部落迁移阿拉伯半岛有着密切的联系。阿拉伯各部落侵入了塞琉古帝国的国境，他们在两河流域的河口建立了哈拉开那国，并征服了包括巴林在内的海湾地区。毕比教授和格罗布教授在巴林考古中曾发现巴林岛上伊斯兰教传入前阿拉伯居民的遗址，这一成果恰好是对巴林岛这一段历史的阐释。当时巴林群岛上产生的雏形国家究竟是个什么样子，人们几乎毫无所知。据零星资料记载，从公元 2 ~ 3 世纪起，巴林的阿拉伯人一直受到伊朗萨珊王朝直接或间接的影响。到 4 世纪巴林岛被波斯人占领时，这种影响更为强烈。6 世纪末，巴林岛上出现了封建社会的萌芽。7 世纪，阿拉伯半岛产生了伊斯兰教。

伊斯兰教兴起于阿拉伯半岛西部地区，当时穆罕默德开始在周边地区传教。巴林因为与伊斯兰教发源地麦加和麦地那相距不远，成为较早接受伊斯兰教的地区。公元 621 年，巴林岛上来了"先知"穆罕默德的代表——一个叫阿拉的人，他在岛民中进行伊斯兰教的宣传活动。巴林社会的下层民众对加入伊斯兰教产生兴趣，但上层显贵进行抵制。622年，阿拉率领信教岛民粉碎了部落显贵的抵抗，进占巴林岛，巴林居民第二次成为信仰伊斯兰教的岛民。然而几个月后，在波斯的帮助下，巴林地方显贵起义反抗。艾卜·伯克尔哈里发（632～634年在位）派大军于633年占领巴林，巴林第三次被纳入了伊斯兰教的怀抱。阿拉被任命为巴林总督。为了安抚巴林民众，继位的欧麦尔哈里发（634～644年在位）向巴林民众补偿了50万迪尔汗（银币）。

此后的巴林成为阿拉伯帝国抵御波斯帝国的堡垒。639年，巴林的统治者阿拉越过海湾，企图占领整个波斯海岸，扩大自己的统治地盘。但是巴林军队被波斯君主叶兹迪格德三世的大军击溃。644年，巴林军队在莱谢赫尔城一战击败了法尔斯省总督列克的军队。

在伍麦叶王朝（661～750年）统治时期，巴林成为阿拉伯帝国的一个省。在阿拉伯帝国的治理下，巴林岛的手工业、海产业、农业和贸易都得到恢复，并呈现出欣欣向荣的景象。海湾贸易再次呈现出繁荣局面，巴林港口的进出口贸易交往增多，国内市场兴旺起来。公元750年，阿拔斯王朝（750～1258年）掌握了政权，定都巴格达。史料记载巴林当时以绿洲繁茂而闻名于世，绿洲的面积由于灌溉系统发达而大为扩展，以种植椰枣树为主要作物的绿洲经济是巴林居民的主要生产活动。农业和畜牧业都有一定的发展，从巴林运到巴格达的农产品每年超过50万第纳尔。巴林岛上的手工业包括纺纱、织布、制陶、金属加工和小型造船业，其中捕鱼和采集珍珠业占有重要的地位。

二 卡尔马特国家

卡尔马特是伊斯玛仪教派的秘密会社，它们主张平等与博爱、财产公有和社会福利平等，反对阿拔斯王朝在巴林的统治。894 年，卡尔马特教民在巴林举行起义，驱逐总督，宣布巴林脱离阿拉伯帝国独立。898 年，巴林的卡尔马特派转入攻势，其队伍开进阿拉伯半岛东部并在腊萨城（今胡富夫）建立首都。10 世纪初，巴林形成了卡尔马特国家。900 年，阿布·赛义德·哈桑·达坎成为他们政教合一国家的领袖（900～913 年）。阿布·赛义德治国有方，卡尔马特国家迅速壮大，成为阿拉伯帝国的重大威胁。为了消灭卡尔马特国家，阿拔斯王朝派大军进攻巴林，被阿布·赛义德击败。913 年，阿布·赛义德被阿拔斯王朝派遣的刺客暗杀。新首领阿布·塔西尔上台，卡尔马特国家领土再一次扩张。929 年，所向披靡的阿布·塔西尔向麦加发动进攻，600 名骑兵和 900 名步兵的队伍，洗劫了麦加城。阿布·塔西尔将"玄石"① 作为战利品运到巴林。949 年，麦加的宗教界花巨款将"玄石"赎回。

10 世纪下半叶，卡尔马特的巴林国家进入了鼎盛时期。卡尔马特派否认官方伊斯兰教教义，容许对伊斯兰教"圣谕"进行自由的解释，并宣布新的治国原则，包括宗教上的思想自由和宽容异教。巴林卡尔马特国家持续时间并不长。

---

① 据古阿拉伯宗教传说，这块玄石是先知易卜拉欣（《圣经》中的亚伯拉罕）遗留的圣物，多神教徒奉为"圣石"，不时吻拜以示虔诚。伊斯兰教建立以后，仍保留这一传统，视其为圣石，吻拜圣石的传统也沿袭下来，成为朝觐仪式的一项重要内容。

卡尔马特试图恢复公社奴隶制、领导层世袭、上层背弃教派的教规，对下层（小商人、手工业者、农民以及游牧民）进行剥削等做法很不得民心，国家矛盾重重，危机四伏。988年，白益王朝征服了巴林部分地区。1057～1058年，效忠塞尔柱帝国的卡伊穆哈里发派大兵镇压卡尔马特，卡尔马特国家灭亡。

三 外部力量控制下的巴林

尔马特国家灭亡后，巴林成为阿拔斯王朝的一个省份。阿拔斯王朝的军队屠杀了巴林岛上大部分居民，果园和椰枣园被夷为平地。阿拔斯王朝任命的新总督阿布尔·巴卢尔统治巴林。不久，巴林民众将新总督赶下台，卡提夫（Al Qatif，又译盖提夫）统治者亚夏·伊本·阿拔斯成为新统治者。此后的统治者将恢复巴林经济作为统治的主要措施，巴林成为阿拔斯王朝的附庸酋长国。巴格达的官吏和大商人利用这种附庸关系控制了巴林岛上的手工业、海产业和商业活动。13世纪初，海湾部落发生内讧。格什姆岛的酋长乘机侵占巴林群岛直到1229年。1235年，法尔斯的摄政王阿布·贝克尔·伊本·赛义德（1230～1260年）利用阿拔斯王朝抵御蒙古大军之际，强渡海湾，占领卡提夫港，接着又占领整个巴林群岛。巴林又成为法尔斯的一部分，一直到1253年。

蒙古国征服波斯后，蒙古骑兵长驱直入，向南深入到阿拉伯半岛南部地区，一直到达以霍尔木兹为中心的阿拉伯酋长国地区。霍尔木兹国在农民、手工业者和城市贫民的支持下，英勇抗战，蒙古铁骑的脚步被阻止。在伊尔汗王朝及其

附庸——法尔斯和克尔曼统治者的海上封锁下，霍尔木兹国
将力量转向海洋。14世纪初，霍尔木兹的统治者走上了对外
征伐的道路。1320年，库特布丁酋长统率强大舰队进入海
湾，占领巴林等地，巴林成为霍尔木兹国的一个省。霍尔木
兹国极盛时期对于巴林酋长国来说是一个衰落时期，巴林岛
上的珍珠、鱼类、椰枣等财富都被运往霍尔木兹。据史料记
载，14、15世纪巴林地区居民大规模起义不断。1384年，巴
林群岛爆发起义，声势浩大，遭到霍尔木兹国的残酷镇压。
15世纪初，霍尔木兹国出现政治、经济危机，巴林居民再次
起义。15世纪70年代，巴林脱离霍尔木兹国。1475年，巴
林酋长国独立。1487年，阿曼苏丹国占领巴林。直到16世
纪初，巴林一直是阿曼领土的一部分。

　　1507年，游弋在世界各地的葡萄牙船舰出现在海湾附
近，霍尔木兹酋长图朗成为葡萄牙的傀儡。葡萄牙以图朗酋
长的名义控制了整个海湾，并在巴林建造海军基地，对巴林
居民进行掠夺和剥削。1521年，在奥斯曼帝国的煽动下，巴
林岛上爆发反对葡萄牙的起义。起义者攻城略地，杀死葡萄
牙守军，摧毁占领者建造的军事防御工事。霍尔木兹总督耶
古·洛佩施·塞凯拉派遣了安东尼乌·科勒阿为首的讨伐部
队，后者付出极大的伤亡代价才击溃了起义者的抵抗，占领
了巴林的主要据点。尽管葡萄牙人取得初步胜利，但巴林的
局势并没有缓解，反而更加紧张。侯赛因·伊本·赛义德酋
长隐匿在卡提夫地区，准备东山再起。巴林岛上的居民对葡
萄牙殖民者深恶痛绝，拒绝纳贡，并暗中支持侯赛因。1522
年，起义者强渡巴林岛与卡提夫海岸的浅水地带，对葡萄牙
守军发起进攻。葡军被击败，葡萄牙籍的巴林新总督被处以

绞刑。侯赛因酋长成为巴林统治者，组织巴林防务。

1523 年，经过葡萄牙和侯赛因酋长多次谈判，后者被宣布为巴林总督，葡萄牙在巴林总督身边安插"顾问"。侯赛因容许葡萄牙在巴林驻军，向居民征收各种捐税，对巴林岛资源进行掠夺式开采。16 世纪 20 年代末，巴林又成为葡萄牙的殖民地。1529 年，巴林爆发武装起义。同年 9 月，印度洋地区葡属领地副王奴怒·达·库尼亚派出塔瓦列日指挥的舰队镇压巴林起义者。但是，巴林军队十分顽强，难以镇压，塔瓦列日要求援兵。在援助舰队到达之后，巴林地区突然蔓延瘟疫，双方损失惨重。由于本来允诺支持巴林起义者的奥斯曼帝国出卖起义者，巴林起义最终在 1534 年失败。

随后的 50 年，巴林成为葡萄牙在海湾地区开拓殖民地事业的据点。巴林各个港口停泊着葡萄牙战舰，巴林国土上遍布葡萄牙驻防部队，保卫葡萄牙人的领地不受来自海上和陆上的军事侵犯。1550 年，卡提夫统治者领导当地部落再次举起反抗殖民者的旗帜。1551 年，奥斯曼帝国试图在巴林登陆未果。1553～1554 年奥斯曼帝国开始对葡萄牙的要塞发动袭击。在这些袭击中，巴林成为袭击的首要对象。海湾的政治局势使得葡萄牙又改换对巴林的统治方式。巴林的统治者不再是霍尔木兹国派来的总督，而是当地统治者穆德莱伊斯，而实际上只不过是葡萄牙的傀儡。随后，奥斯曼帝国发动了几次进攻，但是由于装备简陋，作战技术落后而失败。1581 年，奥斯曼帝国乘葡萄牙在海湾地位衰落之际，占领了哈萨海岸，夺取了巴林。同年底，奥斯曼帝国控制了阿拉伯半岛东南部和东部。就在此时，奥斯曼帝国同波斯发生战争，葡萄牙又卷土重来，重新统治巴林。

16世纪末，海湾地区的地缘政治格局发生了重组，下面所列的四大历史行为标志着葡萄牙在巴林的统治走到了尽头。一是奥斯曼人试图夺回巴林据点；二是波斯公开侵犯霍尔木兹国；三是英国和荷兰作为新的竞争对手在中东崛起；四是葡萄牙本身在1580年成为"西班牙虏臣"。17世纪初，葡萄牙人失去了巴林群岛。17世纪40年代，最后一艘葡萄牙战舰在夜幕沉沉中恋恋不舍地离开了海湾水域。

四　波斯对巴林的三次占领

16、 17世纪之交，阿拔斯一世（1587～1629年）统治下的萨法维王朝在中东大地上崛起，对西班牙和葡萄牙的殖民帝国体系构成强有力的挑战。1602年，萨法维军队在英国"顾问"帮助下改组，法尔斯总督阿拉维德汗遵从波斯统治者的命令派军队占领巴林岛，巴林岛成为法尔斯省的一部分。西班牙对波斯行为极为不满，要求阿拔斯一世撤军，遭到拒绝。霍尔木兹总督彼得鲁·康丁尼乌派海军切断了波斯军队的海上运输救援。波斯军队既无海军，又得不到巴林居民的支持，陷入十分艰难的境地。阿拔斯一世又派出大军试图同西班牙和葡萄牙决战，但是双方都没有必胜的把握，以媾和告终。从此，巴林群岛归属萨法维王朝的版图。这时的巴林地方行政总督如同阿拉维德汗的一个士兵。

但是霍尔木兹国的威胁并没有消除。1612年，波斯军队开赴阿巴斯港，企图夺取霍尔木兹，双方力量相当，僵持不下。西班牙国王腓力三世向阿拔斯一世馈赠礼品，并表达了媾和以及相互谅解的愿望。1623 年，英国在东印度公司的舰队击溃西班牙—葡萄牙军队。同年 2 月 9 日，在英国舰队的掩护下，波斯指挥官伊玛目库利汗对霍尔木兹展开轰击，摧毁这个城市。霍尔木兹的陷落是对西班牙—葡萄牙在海湾地位的毁灭性打击，它们仅有马斯喀特可守。

波斯对恢复和振兴巴林经济不感兴趣，而看重在巴林岛建立海军基地。波斯领导者的大国沙文主义助长了巴林境内阿拉伯人和波斯人的矛盾，巴林人又掀起了反波斯的起义。17 世纪 30 年代初，巴林岛的局势已经威胁到波斯的统治。1636 年，萨菲一世派军队镇压了处于酝酿阶段的民族运动。处于萨法维王朝统治下的巴林，地方经济受到摧残，珍珠业损失惨重。18 世纪初，阿曼苏丹国开始崛起于阿拉伯半岛南部。1717 年底，阿曼人渡过海峡在巴林群岛登陆。波斯守军被消灭殆尽，巴林的亲波斯派被清除，成为阿曼苏丹国的一部分。

1734 年，英国与波斯达成购买军舰的协议。1736 年，波斯纳第尔·沙派出装载雄兵悍将的庞大舰队使巴林岛的阿曼人不战而降，波斯在巴林的统治又死灰复燃。但是，波斯统治者只注重将巴林作为战略基地的建设，忽视巴林居民的生活需求，巴林人视波斯为异族，不断发动起义。1737 年，波斯在英国的支持下发动起义，纳第尔·沙再次向巴林派兵。1737～1738 年后，巴林等地的居民逃往阿拉伯半岛腹地。1743 年，伊土战争再起，波斯忙于战事，无暇顾及阿拉伯半岛。1744 年，阿曼和马斯喀特地区爆发武装起义，波斯驻军被灭。数月之后，波斯军队被赶出巴林。

在此后的十余年时间，巴林岛上一直存在着一个独立的酋长国。18 世纪 50 年代，波斯再次对海湾地区发动进攻，并占领巴林。1783 年，波斯第三次被赶出巴林群岛。

第三节　近代简史
（18 世纪中期至 20 世纪初）

一　哈利法家族成为巴林的主人

1716 年，阿特班部落的阿拉伯人建立了科威特渔村，后来发展为商港。18 世纪 60 年代，东印度公司在这里设立商站。1765 年，萨巴赫家族在科威特建立酋长国。与此同时，哈利德部落的阿拉伯人将哈萨海岸的大部分地区和卡塔尔半岛连接在一起，建立了卡塔尔酋长国。1766 年，科威特阿拉伯人阿特班部落中的一个分支，进入卡塔尔半岛。他们在阿巴拉海港城市巩固地位后，开始觊觎波斯军队驻扎的巴林岛。1776 年，哈利法家族的穆罕默德酋长同布什尔总督以及波斯驻海湾司令就占据巴林举行谈判。这位酋长要求得到巴林总督的职位，交换条件是每年交纳大宗税款，协议的有效期到 1782 年。1780 年，穆罕默德酋长试图占领巴林，派其兄艾哈迈德率军登陆巴林岛。1783 年，哈利法家族占领了全部巴林岛，波斯人被驱逐。艾哈迈德成为巴林的统治者（1782 ~ 1796 年在位），他是巴林哈利法家族的始祖，该家族统治巴林一直到现在。

哈利法家族面临着许多困境，当地的居民将艾哈迈德看做征服者，并不认同他的统治。阿特班部落的阿拉伯人是逊尼派，而巴林岛居民以什叶派为主，这种宗教分歧难以弥合。

另外，当时阿拉伯半岛兴起瓦哈比运动，并开始以宗教认同的名义进攻巴林。艾哈迈德酋长退守祖巴拉（Zubarah），并向波斯求援，帮助他恢复地位。但是结果渺茫，不久郁郁而逝。艾哈迈德的继任者萨勒曼酋长和阿卜杜拉酋长（1796～1825年）向阿曼求援，阿曼海军开到巴林群岛，立即宣布巴林为阿曼苏丹国的一部分。

1800年，沙特家族首领阿卜杜勒·阿齐兹·伊本·沙特征服了阿拉伯半岛，包括巴林。就在这时，英国侵入海湾地区，理由是抵制法国入侵埃及，而真正原因是瓦哈比派的沙特阿拉伯家族在巴林等地区咄咄逼人势头对英国东印度公司造成潜在威胁。1802年，英国支持下的阿曼苏丹国同法尔斯总督联合，想进攻巴林的瓦哈比教派，但是后者被来自卡提夫的瓦哈比队伍赶跑了。由于英国鼓励阿曼苏丹进攻瓦哈比军队，占领巴林，两国之间冲突由此产生。

1805年，在印度英殖民当局的支持下，阿曼苏丹打败瓦哈比军队，巴林两酋长也请求英国援助。当时，阿曼、沙特家族、奥地利以及波斯等国力量在巴林岛上交织在一起，使得巴林局势极为复杂。法国、德国以及欧洲其他国家的目光对准了巴林的珍珠业。1808年，马斯喀特的海军开往巴林，瓦哈比派总督撤往卡提夫。但是巴林哈利法家族与来自卡提夫的联合武装击败了英国占领军，将他们赶出巴林岛。

巴林的哈利法家族感到利用英国实现巴林独立无望，开始依靠自己的力量摆脱瓦哈比的统治。1810年，巴林居民和波斯居民发动起义，赶跑了瓦哈比派总督为首的军事、行政和宗教机构人员，宣布巴林酋长国独立。1816年，阿曼苏丹国又派出海军进攻巴林，遭到后者的顽强抵抗。1818年，埃及军队占领哈萨海岸，易卜拉辛帕夏对巴林实行封锁。但是，巴林岛上居民同仇敌忾，经受住了这次考验。

二 巴林沦为英国的保护国

19 世纪初，作为东西方经济交往重要枢纽的海湾，被英国看做是印度"防卫"体系中的重要环节。1818～1819 年，英国军舰开始对海湾岛屿（包括巴林）进行海上封锁，遭到当地岛民的抗议。1818 年 11 月，英国驻印度殖民政府代表凯尔少将在阿曼苏丹国的支持下对阿拉伯半岛酋长国发动进攻。1819 年 12 月 9 日，英国军队摧毁了阿拉伯半岛东部沿岸酋长国的抵抗。1820 年 1 月 8 日，英国指挥官和哈伊马角的酋长签订"总和平协定"，内容包括制止海盗活动、鼓励自由贸易等条款。在签订该条约后，英国指挥官就巡视了阿拉伯半岛的整个东部海岸，包括巴林首都麦纳麦。

英国异常重视巴林岛的地位。1820 年 1 月，英国开始同巴林两酋长谈判。英国通过讨好酋长和广泛收买巴林上层统治集团的办法，将巴林纳入自己的怀抱。同年，巴林酋长与驻海湾英军指挥部代表签了初步协定，反对波斯占领巴林岛。同年 2 月 23 日，巴林酋长与波斯和奥斯曼帝国的谈判破裂，同意加入"总和平协定"。1820 年，英国人占领格什姆岛，英国与波斯在巴林问题上的冲突进一步恶化。1822 年 7 月 1 日，英国公使布拉斯和法尔斯总督侯赛因·阿里－米尔札在设拉子会晤。同年 8 月 30 日，双方签订了一项协定，从形式上确认巴林酋长国对波斯的附属关系。

巴林岛民对统治者的不满情绪日益增长。1825 年，萨勒

曼酋长去世，哈利法和阿卜杜拉两酋长掌权（1825～1834
年）。1834年，英国的驻节公使颇费一番周折同阿卜杜拉建
立联系，但未承认中断的同盟关系。1835年，孟买政府代表
与阿拉伯半岛沿岸的酋长国签订"第一海上协定"，阿卜杜
拉没有参加。1836年，英国开始对巴林施压，阿卜杜拉被迫
投奔瓦哈比派。瓦哈比派想帮助阿卜杜拉复国，但在1838年
被英国击败。

　　1839年，英国利用与波斯在赫拉特问题上的冲突，与阿
曼签订了英国—马斯喀特关于反对海盗活动和奴隶贩卖的共
同行动条约。同年，巴林酋长阿卜杜拉在周边地缘环境险象
环生的境地下被迫签署条约，巴林向英国保护国地位转变。
当时国际上对巴林的法律地位争执不一，埃及总督穆罕默
德·阿里企图兼并巴林，波斯也别有企图的派出军队，英国
则是以势力强大的"捍卫者"身份出现。英国殖民者之所以
支持哈利法家族在巴林的统治，有以下几方面的因素：一是
英国正在挑选某些酋长作为维护海湾政治秩序的代理人，而
哈利法家族在巴林的权势和威望成为英国未来控制巴林的理
想代表。二是英国期望结束巴林地区内部的派系和家族之争，
因为这些纷争威胁了英国和印度的商业。因此，在孟买的英
国殖民政府开始在1819年根除从哈萨到阿曼的"海盗"。尽
管哈利法家族并没有对这些船只加以袭击，但是英国政府迫
使萨勒曼和阿卜杜拉两酋长签署和平协定，这一协定增强了
哈利法家族在巴林的权威和合法性。三是英国在印度的帝国
行政机构也不能容忍巴林部落间的流动边界，急需一权势家
族主导巴林。这一要求在20世纪变得更加明确，石油公司开
始在海湾地区对部落妥协让步。四是在与这些统治者谈判的

过程中，英国企业答应提供资本和贷款，作为进入内地的条件。五是 1820～1904 年间，巴林岛上的政治冲突主要是统治家族内部的互相残杀，而不能对哈利法家族的权威地位构成挑战。穆罕默德·鲁麦赫（Muhammad al-Rumaihi）说："哈利法家族采取一种继承性统治制度，其父亲在两个儿子的辅助下实施统治，他死后，其儿子继续其职责，分享其威信。"①

　　阿卜杜拉酋长在签订亲英条约后，其威信在什叶派中急剧下跌，因此他想通过向波斯示好来收回民心。1843 年，在英国的操纵下，阿卜杜拉酋长被废，政教统治权落入他的近亲穆罕默德酋长之手。麦纳麦政变是英国干预巴林政变的第一次尝试。1844 年 6 月 27 日，波斯放弃对巴林岛的要求，承认英国在海湾的优势地位。1845 年，英国—马斯喀特重新签订《共同行动》条约。1847 年，英国又用新条约更替了以前同当地酋长国签订的一切协定。巴林被迫签订了 1847 年条约，扩大了英国在海湾的特权。1847 年条约使英国在巴林对外贸易方面享受一系列优厚待遇，英国可以垄断经营巴林的珍珠业。

　　1853 年 5 月 4 日，英国同特鲁西尔阿曼②签订"永久休战"条约。根据条约，英国驻布什尔港的政治驻节公使有权

---

① Mohammed Ghanim al-Rumaihi，*Bahrain：A Study on Social and Political Changes Since the First Worde War*，Kuwait University Press，1975，p. 5.
② 特鲁西尔阿曼指的是阿曼西北海湾沿岸的一些酋长国。它们现已组成阿拉伯联合酋长国。特鲁西尔（Truce）意为"休战"，特鲁西尔阿曼（Trucial Oman）指的是 20 世纪初英国驻巴林政治代表对本地区起的名字。

对入侵者实施惩罚。这一文件结合 1847 年条约，从事实上确认了英国官方代表对特鲁西尔阿曼的司法管辖权。1856 年 5 月 15 日，英国与巴林签订了"关于取缔奴隶贩卖更有效措施"的条约。英国以法律的形式固定了对巴林当地珍珠海滩的垄断权。同年年底，英国舰队控制了海湾，巴林对英国的依赖已经成为现实，但在公开场合，英国"承认并尊重"巴林的主权，并将穆罕默德酋长当做自己的盟友。

1859 年，沙特家族占领卡提夫，试图支持被废黜的阿卜杜拉酋长，并入侵巴林，这一计划以失败而告终。英国人决定利用这一事件切断瓦哈比派同海湾的联系，在英国的支持下，穆罕默德酋长对瓦哈比派及其同盟者进行打击，巴林卷入了同奥斯曼帝国和波斯的军事冲突。1861 年，英国驻海湾政治驻节公使琼斯来到麦纳麦，起草了"英国巴林专约"的条文。同年 1 月 31 日穆罕默德酋长签署了该条约。该条约确认了过去签订的一切条约和协定，还给酋长增加了许多义务。内容包括：巴林统治者不得参加奴隶贩卖、海盗活动或者纵容部落内讧等；一切同邻国的冲突必须提交英国驻海湾政治驻节公使审议；英国臣民可以住在这个酋长国，享有专约批准的领事裁判权的保护；英国在巴林对外贸易中占有优先地位；当地政府保留了对英国货物征收 5% 以下"货价税"的权利。确认英国公民经营珍珠海滩的权利；英国承担防卫巴林酋长国不受外来侵略的义务。[1] 1861 年专约正式确认了巴林对英国的完全依赖关系。

---

① Talal Toufic Tarah, *Protection and Politics in Bahrain 1869 - 1915*, Beirut: American University of California Press, 1967, pp. 47 - 51.

　　但是，巴林居民对 1861 年专约不满，并出现骚乱。与此同时，巴林与卡塔尔之间的冲突也处于白热化。1863 年，巴林统治者将穆罕默德·本·艾哈迈德派往达比谈判未果。1867 年，巴林酋长同阿布扎比酋长国商量后，向卡塔尔派出军队。卡塔尔居民的船只几乎全部被巴林军队毁坏，民房被洗劫一空。这一事件成为英国"整顿帝国海湾秩序"的口实。1867 年底，英国支持阿里酋长（1867～1869 年在位）发动政变，并同卡塔尔谈判媾和。1868 年，英国与巴林签订了新条款，确认巴林在英国的珍珠采集权。

　　英国的所作所为引起了海湾国家的愤慨。1868 年，波斯政府向英国驻海湾行政当局首脑培利上校递交一项抗议照会，阿拉伯半岛东部的许多酋长要求保护在卡提夫避难的穆罕默德酋长。在巴林本土，一部分人也起来反对英国扶植的傀儡阿里。1869 年，巴林爆发起义，阿里酋长及其亲信被击毙。穆罕默德酋长夺取麦纳麦和穆哈拉格（Muharraq）等地，英国的政治和商务代表逃回英国驻地。

　　1869 年，英国不顾波斯的反对，炮轰麦纳麦。穆罕默德酋长和起义领导人被俘，其追随者被杀。巴林的实际统治权落入英国驻海湾政治驻节公使手里，阿里酋长的儿子伊萨成为巴林的统治者。英国的行动引起奥斯曼帝国的不满，1871 年奥斯曼帝国占领卡塔尔，准备南进同英国决战。为了避免同奥斯曼帝国发生冲突，稳固自己在巴林的地位，英国作出了让步，将科威特、卡塔尔让与奥斯曼帝国控制。1871 年 5 月，英国与巴林谈判，目的是巴林成为英国的保护国。谈判进展"顺利"，伊萨酋长满足了英国的所有要求。1871 年，英国正式宣布巴林成为英国保护国。

三 其他大国与英国争夺巴林

英国虽然将巴林列为保护国，但欧洲各国并没有公开承认英国在巴林的合法地位。奥斯曼帝国在取得了对科威特和卡塔尔的统治权后，不承认英国在巴林的地位。1874 年，奥斯曼帝国要求英国政府承认它在阿拉伯地区享有的统治权。事实上，这是抗议英国对巴林等地区的保护权。

奥斯曼帝国在巴林鼓动反英情绪，呼吁恢复穆罕默德酋长的权力，反对伊萨酋长和英国人。1874 年，巴林岛民众在奥斯曼帝国的支持下发动起义，英国人派海军镇压。1875 年，巴林暴乱又起，印度英国殖民当局派出强大军队，并下令英国军舰常驻巴林。奥斯曼帝国在 1877～1878 年俄土战争中失败并被瓜分。英国人利用这个机会把巴林的骚动镇压下去，并同伊萨于 1880 年 12 月 22 日签署《首次特别协定》。协定内容规定：巴林酋长不得同第三国进行任何谈判，除英国外，不容许欧洲国家的贸易代表和其他代表前来岛上，不同意在巴林任何一处设立商务和外交代表机构，不得成立加煤站为外国的（非英国的）船只供应燃料。巴林对内对外政策的一切重大问题必须通过英国驻海湾行政机构的官方代表与英国政府协商决定。在经济方面，条约确认英国在巴林对外贸易和珍珠经营上的权利。[①] 1881 年，英国下议院批准了上述协定，英国的政治驻节公使监督协定的执行。

---

① Briton Cooper Busch, *Britain and the Persian Gulf, 1894 – 1914*, Berkeley：California University Press, 1967, p. 27.

英国采取了一系列的措施保护自己在巴林的权益。1888~1889 年，在英国的压力下，巴林改革关税制度。1891 年英国又获得在巴林经营珍珠业的新特权。1892 年 3 月 13 日，英国人强迫伊萨酋长签订《末次特别协定》，规定对于巴林本国领土的任何部分，不割让、不出售、不典押，也不以其他方式让与英国政府以外的第三者。[1] 这一协定使英国在巴林占有绝对优势，英国的政治驻节公使被称为"海湾的无冕之王"。1895 年，从巴林逃亡到卡塔尔的伊本·阿里部落的领袖伊本·萨拉玛试图勾结札西姆酋长推翻伊萨酋长，赶走英国人。正如印度总督后来说："整个事情看似平淡无奇，但是已经设定了先例。英国已经直接干预。"[2] 英国人派来战舰将起义者的 40 艘小艇炸沉。英国已经成为巴林的主人。

19 世纪 80 年代末 90 年代初，德国开始代替奥斯曼帝国挑战英国。其他大国也在巴林政治舞台纷纷亮相。1893 年，巴林岛上出现了第一批美国传教士。1894 年，法国在巴林的近邻阿曼建立了领事馆。1895 年，第一艘德国巡洋舰出现在海湾。英国为了保护自己在海湾的利益，在巴林岛建造海军基地、码头、仓库、兵工厂、修械厂。1900 年 3 月，英国副政治代表加斯金担任伊萨酋长的外交和内政"顾问"。

地处英国"特别势力范围"的巴林，在 20 世纪成为英国在东方最重要的战略前哨之一。英国副行政代表加斯金上

---

① 〔苏〕瓦·拉·波将斯基著《巴林》，北京人民出版社，1974，第 130~131 页。

② Briton Cooper Busch, *Britain and the Persian Gulf, 1894–1914*, Berkeley: California University Press, 1967, p. 136.

尉以伊萨顾问的名义统治着巴林。英国在巴林岛上修建大型海军基地，英属印度军队驻扎在这里进行巡逻放哨，其军舰在巴林海面上遨游。英国人控制了酋长国的转口贸易、全部的海运事业，禁止在巴林设立其他的外国贸易机构。

19 世纪的最后 15 年，英国增加在海湾地区的商业活动。1878～1899 年间，巴林进口货物从 115 万美元增长到 290 万美元；同期出口货物由 110 万美元增长到 260 万美元。[1] 这一趋向导致印度商人大潮般涌入巴林。他们将巴林商品进口到国内，然后再出口到南亚等地区，同时向巴林地方小商人提供贷款。英国商品开始涌入巴林市场。1895 年，巴林的对外贸易总额相当于 776300 英镑，其中顺差为 2200 英镑。到了 1897 年，巴林对外贸易额是 913300 英镑，却出现 33500 英镑的赤字。英国货在巴林进口总值中份额增加，1895 年英国货占巴林进口货物的 66.1%，1897 年为 62.6%，1903 年为 66.4%。[2]

20 世纪，欧洲公司进入巴林。1900 年，德国的翁克豪斯（Woenckhaus）商行在麦纳麦创办了分公司，随后法国的公司也加入。1901 年，俄罗斯在布什尔设立了总领事馆，在巴士拉建立领事馆。印度商人和欧洲商人在这里的商业竞争十分激烈。

随着大国参与巴林经济行为的日益频繁，麦纳麦地区商业活动呈现出繁荣的态势，巴林商人日益不满印度商人和其

---

① Fred H. Lawson, *Bahrain: The Modernization of Autocracy*, Westview Press, 1989, p. 39.

② 〔苏〕瓦·拉·波将斯基著《巴林》，北京人民出版社，1974，第 142 页。

地方合作者享有的特权，不断出现暴力事件。1882 年秋，英国在巴林的代理人向布什尔的居民报告说，他们在巴林建造牢固房屋只是为了制止地方居民对印度商人的攻击。①

第四节 现代简史
(20 世纪初至 1971 年)

一 第一次世界大战前后的巴林

19 世纪末 20 世纪初，德国在中东的势力大有后来居上之势。正如列宁指出，德国"比英国更新鲜、更强大、更有组织性"。1901 年，设在麦纳麦的德国翁克豪斯商行向奥斯曼帝国提出以下要求：德国垄断奥斯曼帝国附庸酋长国（包括巴林）领海内的珍珠采集业。在德国的压力下，奥斯曼帝国被迫满足翁克豪斯商行的要求。但在英国人的干涉下，德国的想法化为泡影。1903 年，德国想同巴林酋长签订条约的事情也宣告破产。

为了保住自己在海湾地区的霸主地位，1903 年 11 ~ 12 月，7 艘英国军舰（其中有 4 艘巡洋舰）组成的豪华舰队访问麦纳麦等城市，并宣布海湾地区为"英国内湖"。英国的炫耀以及奥斯曼帝国和波斯的反英鼓动，激起当地民众的不满。1904 年底，巴林地区出现民众反英骚乱，参加者包括当地贵族和统治集团哈利法家族。英国政治代表和伊萨酋长试

---

① Talal Toufic Farah, *Protection and Politics in Bahrain*, *1869 - 1915*, American University of Beirut Press, 1985, p. 73.

巴林

图将运动镇压或者削弱，但只是徒劳之举。

巴林民众起义原因有四：第一，当地居民生活窘迫，难以维持生计。第二，英国行政当局故意制造事端，使巴林民族、宗教和部落之间产生矛盾隔阂。第三，民众对巴林经济政治状况不满。这种不满情绪遍及农民、渔民、珍珠采集工、手工业者和手艺人等群体，而且商人、船主、作坊主等中间阶层也开始加入起义。第四，英国给巴林社会带来许多结构性矛盾。一是英国商品在巴林市场的倾销，造成当地商人、手工业者的破产；二是伊萨酋长以 17 万卢比的价格将海关管理权租给英属印度的外贸机构"康加兰公司"，巴林成为英国人非法活动的场所，巴林当地商人处于不利地位；三是英国在控制了珍珠采集业后，采取原始的生产组织模式，对巴林劳工进行残酷的剥削，每个珍珠采集工必须在一天之内潜入 15~25 米的海底达 40 次之多，但是结账时几乎什么也得不到；四是在农业方面，英国人也力求维系其在巴林的统治地位，岛上的农民只能得到收成的 1/5，家庭生活陷于极端贫困的境地。

1904 年，巴林岛上的动荡局势已经威胁到巴林统治者与英国的地位。巴林酋长得到了海湾一些酋长国的支持，发动武装起义。英国向巴林派来军队，舰队指挥官控制了伊萨国王的政治外交等大权。在强大的军队面前，起义被平息。巴林当局对起义者大肆搜捕，他们或者被投入监狱，或者被运往英国。巴林国王的侄子阿里·伊本·艾哈迈德流放孟买长达 5 年。

1904 年起义后，英国加紧对巴林的控制，驻麦纳麦的政治代表升格为英国正式代表，有权决定巴林的内外政策。不经英国"顾问"批准，巴林统治者寸步难行。英国政府在巴林政府中安插自己的间谍官员，掌握了巴林内政与外交决策。按照英国海湾政治驻节公使考克斯（Cox）的指示，英国在巴林的密使强迫伊萨酋长在 1909 年向首席"顾问"发出一份文件，请求他授予居住在巴林的英国人有司法权。1911年，巴林酋长被迫作出保证：今后未经驻麦纳麦政治代表的准许，不得给予外国公司采集珍珠和海绵租让权。对于在巴林开设的外国邮政机构，不予颁发许可证。

　　1913 年，英国又在巴林国内实行英属印度的民法典、刑法典以及领事裁判权制度。该文件的第 12 条规定："1890 年关于外国人的司法审判法律将适用于巴林，视同英国殖民地或领地一样。"随着第一次世界大战的逼近，英国感觉到巴林是否归属奥斯曼帝国成为一大难题。1914 年 7 月 29 日，英国外交大臣格雷通知奥斯曼帝国苏丹："在奥斯曼帝国政府放弃巴林和邻近岛屿，放弃巴林酋长享有重大权益的卡塔尔半岛的条件下，我们两国之间可以签订长期条约。"① 奥斯曼帝国被迫接受这份最后通牒式的声明。1913 年 7 月 29 日，两国签署《英土协定》，奥斯曼帝国放弃了对卡塔尔、巴林、科威特的领土要求，英国也保证不将这些王国并入自己的殖民属地。

　　1914 年 6 月 28 日，第一次世界大战爆发。同年 10 月 23日，5 艘英国运输舰在两艘军舰的护航下，向巴林运去了由戴拉门将军指挥的英属印度第十六步兵旅、第一炮兵旅和其

---

① 〔苏〕瓦·拉·波将斯基著《巴林》，北京人民出版社，1974，第 162～163 页。

他部队。巴林成为英国在海湾的前沿阵地。31 日，英国海湾
政治驻节公使考克斯发表了《告海湾全体阿拉伯统治者和酋
长及其臣民书》。文告说如果阿拉伯人保持安定、遵守秩序
并忠于英国人，英国将保证阿拉伯人的宗教和自由不受侵犯，
反之后果自负。这份文告起了决定性的作用，巴林和邻近的
酋长国都宣布接受文告内容。巴林的优越地理位置，成为英
国在第一次世界大战中的后方战略基地之一。

　　第一次世界大战以后，巴林成为英国势力范围。1918 年
初，巴林国内爆发了长达一年的什叶派和逊尼派的冲突。
1919 年 2 月，巴林政府派兵恢复社会秩序。1920 年，一些著
名的宗教团体领导人以及"巴林解放运动"的领袖被流放到
印度。

二　巴林发现石油

　　20 世纪初，海湾地区出现"石油热"。1908 年 5 月
26 日，波斯的马斯杰德萨勒曼地区发现了海湾沿
岸的第一口喷油油井。1925 年 12 月 2 日，霍尔木兹和伊萨酋
长签订一项协定，"东方综合辛迪加"得到 400 平方公里土
地的租让权。1927 年 11 月 30 日，这家公司由于缺乏信心，
将自己的石油权益转卖给"东方海湾石油公司"。但是后者
因为是美国集团而受到英国的反对。"东方海湾石油公司"
又以 5 万美元的代价将租让权转售给参加红线协定的"加利
福尼亚美孚公司"。1929 年 1 月 11 日，"加利福尼亚美孚公
司"成立了子公司——巴林石油公司，在加拿大登记为"英
国公司"。1930 年 6 月 12 日，"巴林石油公司"与巴林统治
者签订了一份期限为 69 年的石油租让权协定，可以在巴林

2/3 领土上勘探和开采石油。

1932 年，巴林岛上第一口油井开始喷油，随后陆续发现了 16 口油井，巴林石油公司开始提炼石油。[①] 美国人听到这一信息欣喜若狂，美国内政部长哈伊·克斯在 1948 年发表的一篇文章中写道："英国人未能在那里发现石油，而不久后我们却找到了，毋庸置疑这是一项伟大的成就。"[②] 1933 年，巴林石油公司开始开采油田。1934 年 12 月，第一艘巴林油船驶出海湾。1937 年，巴林岛上已经有 60 口油井，原油产量从 1933 年的 4500 吨增加到 1939 年的 10 多万吨。20 世纪 40 年代初，海湾石油大部分在"巴林石油公司"炼油厂里加工。

三 第一次世界大战后巴林国内的民族主义运动

十月革命促成了海湾地区民众的觉醒，巴林国内掀起了民族主义运动。早在 1920 年，活动在伊拉克的英国间谍就断言："不幸的是，'布尔什维克主义'一词和布尔什维克的学说在这里已经为人所知。"[③] 首先，20 世 30 年代，巴林国内出现经济危机，依赖英国支持的经济体系遭到破坏性冲击。其次，巴林民众反英情绪强烈。在 10 多万人中，将近 70% 的城市居民有反英情绪。再次，20 世纪 30 年代美国私人资本渗透巴林，致力于现代化石油工业的投资。这样使巴林旧的社会结构迅速瓦解，两极分化更为严重。

[①] Christine Osborne, *The Gulf States and Oman*, London, Croom Helm, 1977, p. 21.

[②] 〔苏〕瓦·拉·波将斯基著《巴林》，北京人民出版社，1974，第 177 页。

[③] 〔苏〕瓦·拉·波将斯基著《巴林》，北京人民出版社，1974，第 184 页。

1919 年 11 月，H. R. P. 迪克森（H. R. P. Dickson）到达麦纳麦成为英国在巴林岛的第二个政治代理人。迪克森对巴林现状"十分不满意"，因为巴林存在着"强烈的、持久和深刻的反英情绪"，"巴林人屈服英国是因为害怕而不是从心灵深处尊重"。[①]他对巴林地方行政机构进行改革：1920 年夏天，他在麦纳麦成立四人委员会，委员会主要监督公共健康、交通和其他事情；废除私人护卫队的现存制度，用忠贞哈利法酋长的人员控制市镇委员会；他宣布英国对巴林的保护将扩展到"所有的领域，包括波斯和阿拉伯统治者"。他成立了一个改革惯例委员会，其中 5 人由巴林统治者直接任命，5 人由英国代理人任命，委员会参与国家有关商业大事的讨论。这些措施引起了哈利法家族与商业阶层的反感，前者认为这等于破坏了家族的权威，后者认为未能公平对待他们的利益。什叶派社区感觉到英国代理人的行动正在削弱哈利法家族的地位，要求英国停止强加给他们的税收。

1920 年末，迪克森被达利（Daly）替换，后者在 1918～1920 年是伊拉克军事总督。达利对迪克森的改革不屑一顾，主张采取强硬措施镇压地方民众的不满情绪。1921 年 11 月，他替换了麦纳麦市镇委员会的首脑，坦率地批评了改革。达利任命波斯商人为市镇委员会秘书长和市场警察并传闻新秘书长将招募波斯人去充当警察，这些行动疏离了巴林地方商业寡头。

随着哈利法家族在巴林社会地位的下降，掌控家族地产

---

① Fred H. Lawson, *Bahrain*: *The Modernization of Autocracy*, Westview Press, 1989, p. 42.

的高级酋长开始向居多数的什叶派劳工征收税收。什叶派则向英国政治代理人要求改善他们受歧视地位，减少税收。英国答应了什叶派的要求，进而引起逊尼派的不满，巴林国内出现了严重的教派冲突。1923 年 5 月，教派冲突转化成持续的暴动。达瓦斯尔（Dawasir）和哈利法的逊尼派部落人员攻击了阿瓦利（Awal）和锡特拉（Sitra）的什叶派村庄。

在诺克斯（S. G. Knox）中校的指挥下，两艘英国军舰从孟买地区出发，到巴林恢复社会秩序。5 月末，诺克斯授权酋长哈马德，驱逐逊尼派部落的主要成员，并将一些反对改革的地方商人流放到印度。① 诺克斯中校在 5 月 21 日要求伊萨酋长退位，并推荐哈马德酋长为继承人，巴林岛各部落领袖召开会议，宣布将权力移交给哈马德酋长。随后，诺克斯又将所有的关税收入作为政府财产存入东方银行的巴林分行，并派遣一名印度关税人员监督巴林港口的相关情况。

随着珍珠采集季节的来临，一些逊尼派商人召开"民族会议"，挑选 12 名代表向英国代理政府提出下列要求：伊萨酋长恢复其统治地位，逊尼派和什叶派选派代表组成协商委员会，辅助政府治理国家。11 月初，英国代表到达巴林，逮捕了委员会的两个民族主义代表，流放到印度。英国人没收了这些民族主义者的财产，指派自己人到这些地区管理。

这一系列行动为英国政府在巴林执行"改革"铺平了道路。1926 年 3 月 31 日，英国人查尔斯·D. 贝尔格雷夫（Charles D. Belgrave）成为巴林顾问，控制了巴林地方行政的

---

① Fuad I. Khuri, *Tribe and State in Bahrain*, Chicago University Press, 1980, p. 95.

所有权力。据资料记载：巴林酋长雇用了 3 个英国人管理国家的收入、关税和警察。[①] 英国在巴林岛上的统治权得到巩固。

巴林石油产量剧增。1937～1940 年期间，石油产量每年大约有 100 万吨左右。20 世纪 30 年代中期，石油收入占国家收入的 1/3，到 1940～1944 年，这一比例增加到 60%～65%。[②] 而其他一些产业，例如船只建造和椰枣业的收入却入不敷出，贫穷的村民生活困窘。巴林北部和东海岸地区的老百姓仍以渔猎活动为生。巴林商业没有受到太大影响，包括大米、茶、玉米、糖、肉和衣服等贸易活动仍在进行，这些货物大都出口到沙特阿拉伯。

经济变化对巴林政治结构的影响微乎其微，哈马德酋长想利用石油收入加强中央集权，使中央行政机构合理化，并清除对哈利法统治家族不满的政敌。他用政府法院替换半官方的珍珠法庭，以制止富商破坏 1932～1933 年的改革。结果，巴林的珍珠产量在第二次世界大战以前逐渐增加。

20 世纪 30 年代末，巴林"和谐的帝国秩序"被打破。随着石油生产的膨胀，亚洲南部的大量工人在英国政府的鼓励下移民巴林。1937～1938 年，英国开始用印度工人替换伊朗[③]工人，但引起石油公司的抵制，对他们来说雇用伊朗工人较为便宜，并且容易找到。因此在战争初期，伊朗工人数

---

① Lionel Haworth, "Persia and the Persian Gulf," *Journal of the Central Asian Society*, 16, 1929, p. 502.

② Mohammed Ghanim al-Rumaihi, *Bahrain: A Study on Social and Political Changes Since the First World War*, Kuwait University Press, 1975, p. 105.

③ 1935 年 1 月，波斯国名改为"伊朗"。

目仍然很大。另外，由于地方农业生产规模逐渐下降，巴林进口食物日益增多。到 20 世纪 30 年代末，巴林岛上消费的小麦、玉米和茶叶都从印度进口，蔗糖来自东非，椰枣来自伊拉克和沙特阿拉伯，这些进口商品增强了统治家族以及英国顾问支持下的巴林商人的地位。1939 年，巴林富裕商人对国家大事的影响日益增强。

20 世纪 40 年代，英国试图对巴林实行"民主改革"。1946 年，英国海湾地区行政机构的首脑从科威特迁往麦纳麦。英国开始着力经营巴林岛，巴林岛上出现了繁荣景象：现代化的码头港口、高级的标准机场、贯通各岛的堤坝、四通八达的一级公路。电影院、俱乐部、图书馆等娱乐与文化机构也相继在巴林出现；电话、电报、邮政、无线电广播等开始出现在巴林民众视野里；甚至还有了报纸。1925～1950 年间，巴林中小学校增加了 26 所，学生人数增加到 4800 人，但文盲率很高，高达 80%。由于劳动者生活水平低下，他们的孩子大都外出干活养家糊口，无法接受免费教育。巴林学校的课程全用阿拉伯语讲授。巴林同期开设了政府办的 5 个医疗点和检疫站。但国内流行病没有减少，人口死亡率仍然很高。文化设施还不完善，图书馆较少。电影院里放的是好莱坞电影。1945 年第一家民族主义报纸《新报》被取消，此后政府规定，报纸只能在官方监督下出版发行。

四 第二次世界大战的影响

第二次世界大战期间，伊朗以维护本国安全为名对巴林展开攻势。1941 年 7 月初，巴林政府在英国和苏联进驻伊朗以前，逮捕了大约 150 名左右伊朗籍居民，将他们驱逐出境。巴林政府关注国内的食品供应。1940 年，巴林政府购买 25000 袋印度大米，同时命令地方商人将手中的粮食清册上交，控制了粮食市场。[①] 1942 年 3 月，巴林政府实行定量配给制度，麦纳麦地区设定了 8 个分发食糖的地点。巴林政府对其他商品实行价格控制。1943 年 1 月，巴林椰枣供应严重短缺，政府急向伊拉克和沙特阿拉伯求援。同年，巴林政府在麦纳麦地区建立了 3 个食物储存站。到 1944 年，巴林中央行政机构已经控制了市场上所有的大米、食糖、椰枣、面粉、茶和肉类的销售。

但当地商人想垄断巴林战时所需的货物。在战争的第一年，巴林国内的食糖和其他进口食品不断从黑市走私出境。1942 年后，一些未被政府授权的建筑材料走私到伊拉克和阿拉伯半岛东部地区。巴林与印度的贸易中断后，走私活动更加猖獗。为了对付走私活动，巴林政府成立了商人顾问委员会，负责监督巴林的贸易活动。这一机构在第二次世界大战期间形同虚设，没有发挥任何效用。巴林政府虽没收了黑市的存货，但黑市贸易仍异常频繁。

1943 年初，巴林石油公司（BOPAC）扩大了锡特拉（Sitra）炼油厂生产规模，工人人数增加，但工资较低。巴林国内不断出现反对低工资的罢工运动，如巴林炼油厂工人大罢工。巴林石油公司被迫向罢工工人发放战时附加津贴，条件是在年底复工。同时，巴林政府出动警察将罢工领导人全部逮捕。面对巴林政府采取的胡萝卜加大棒策略，罢工工人

---

① Robin Bidwell， "Bahrain in the Second World War"，*Dilmun* 12，1984/1985，pp. 34 - 36.

不得不在最后期限到来之前复工。

第二次世界大战末期，巴林政府财政收入增加。1939～1940 年间，巴林收入为 370 万卢比（150 万美元），其中 64% 的收入来自石油。6 年后，这一收入已经达到 560 万卢比（226 万美元），其中 37% 来自石油收入。[①] 更重要的是巴林开始加强对商业和工业领域的控制，监督建筑企业和管理现代工厂，并参与医疗卫生和教育行业的相关活动。1942 年，巴林政府投资兴建了公共医院，医疗网络辐射到各大村落。1940～1945 年间，巴林成立麦纳麦大学。

20 世纪 40 年代，美国和英国的国际大公司在海湾地区寻求投资的潜在市场。开始时这些公司收益较少，后来改变投资策略，与地方商业家族建立联系，并垄断巴林国内市场，情况才有所改变。就巴林来说，许多家族通过与国外商业的交往，重新获得了他们在 20 世纪 30 年代因珍珠业衰败而丧失的优势地位。一些商业精英开始聚敛财富，在上流社会重新确立自己的地位。

第二次世界大战后，巴林商业繁荣。据资料显示：在此期间，进口商品大量涌入巴林，"巴林商店铺面大为改观，店内商品丰富。英美商品，包括日常必需品和奢侈品充斥市场。罐装食品、收音机、照相机这些从欧洲进口的商品现在也可以在中产阶级的阿拉伯家庭使用和享受。"[②] 巴林商人从卡塔尔等国进口物品，卖给在巴林边远地区的石油公司。

---

① Mohammed Ghanim al-Rumaihi, Bahrain: *A Study on Social and Political Changes Since the First World War*, Kuwait University press, 1975, p. 105.

② James H. D. Belgrave, "Oil and Bahrain:," *World Today*, 7 February 1951, p. 78.

1945～1949 年间，政府关税收入和石油收入飙升。但由于其
他收入增加，石油收入所占比重有所下降，占国家财政收入
的 31%。

五　20 世纪 50 年代的巴林民族主义运动

19 51 年，伊朗石油国有化运动成为巴林民族主义运
动的信号和导火线。同年 2 月，英国驻德黑兰大
使谢泼德来到麦纳麦，巴林出现了抗议浪潮。1951 年 3 月，
巴林石油公司爆发了第一次大罢工。同年，英军司令部向麦
纳麦增派了 2 艘护航舰和 2 艘巡逻舰。驻巴林的行政机构得
到了指令：可以灵活地调度军队和警察。同年 5 月，伊朗
"民族阵线"议员阿里·舒什特里宣布："巴林岛是伊朗的一
部分，巴林各岛的石油企业收归伊朗国有。"伊朗想吞并巴
林的想法并没有得到美国的明确表态，同年 6 月 6 日，伊朗
就巴林签署国际铁路运输协议一事向联合国秘书长提出抗议。
抗议信中指出："巴林是伊朗的一部分，巴林酋长无权签署
任何国际协定，他的活动不具任何法律效力。"①

伊朗的正式表态产生了意想不到的后果。1951 年 6 月，
巴林群众开始示威游行，驱逐萨勒曼（Sulman）酋长及其
"顾问"贝尔格雷夫，石油工业收归国有。伊朗的《世界报》
报道，巴林岛上的事件已经"超出正常事件的范围"。6 月
30 日，军警部队朝萨勒曼酋长王宫行进的示威人群开枪。据
伊朗《光明报》披露，麦纳麦有 6 人被打死，20 余人受伤。

---

① 〔苏〕瓦·拉·波将斯基著《巴林》，北京人民出版社，1974，第 209～
210 页。

英国殖民者对巴林居民点进行大规模搜捕，吉达岛上监狱人满为患，但是抵抗运动仍在继续。

英国人发现以武力镇压民族运动会招致更严重的后果，英国殖民头子贝尔格雷夫提出对民族主义运动内部进行分化瓦解的政策，取得成效。1951年，萨勒曼酋长在巴林居民中进行了"解释运动"。1952年，巴林什叶派和逊尼派发生了冲突，巴林国内矛盾已经从反英转向教派冲突。此外，英美的行动也渐趋一致。1952年美国大使韩德逊对伊朗首相摩萨台施加压力，伊朗同意不再坚持对巴林的主权，也不再提起巴林石油国有化问题。

但是，民族主义运动已经在海湾国家深入人心。在巴林，反帝的行动发展为群众性的集体行为。巴林石油公司成了运动的中心，运动的浪潮席卷全岛。1954年9月，3000名出租汽车司机罢工。同年10月，国营造船厂和其他企业罢工。12月，石油工人发动总罢工。

就在此时，麦纳麦成立了一个最高执行委员会，成员包括以新闻记者阿卜杜·拉赫曼·巴基尔为首的8名代表。他们在致萨勒曼酋长的公开信中保证："这些要求既不危及统治者的地位，也不会与英国产生冲突。"① 随后，委员会成为民族运动的领导力量，并向巴林统治者送交请愿书。请愿书内容包括实行劳动法，工会合法化，修改审判程序。随后又提出更高层次的要求：即成立立法会议实行普选制，制定民法典和刑法典，设立上诉法院，把审判权交给独立的职业法

---

① Mohammed Ghanim al-Rumaihi, *Bahrain*: *A Study on Social and Political Changes since the First World War*, Kuwait University Press, 1975, p. 296.

官，教育和卫生事业交由民选的委员会管理等。最重要的是禁止英国干涉巴林国内事务，驱逐贝尔格雷夫。最高执行委员会不久改名为"民族团结委员会"。

萨勒曼同民族团结委员会的领袖们谈判，一直延续到1955年。萨勒曼向委员会作出如下承诺：允许民众自由选举，成立卫生和教育委员会，改革审判程序，草拟劳动法。但是，对除此以外的其他要求不作答复。1955年10月，英国和马斯喀特苏丹国部队侵入阿曼教长国，巴林居民抗议英国的入侵行为。1956年3月2日，英国外交大臣塞·劳埃德来到麦纳麦，巴林民众用石块袭击作为"迎接"仪式。10～11日，抗议浪潮席卷全国。12日，民众开始了总罢工。13～15日，罢工民众与军警发生冲突。民族团结委员会呼吁将英国殖民者赶出巴林。在军队和警察的弹压下，运动平息。

1956年7月26日，埃及苏伊士运河国有化的举动又鼓舞了刚刚平息的巴林民族主义运动。英法以侵略埃及后，巴林国内又起罢工风潮。11月3日，英国正规部队开进巴林。巴林政府颁布了取缔民族团结委员会并没收其报纸的声明。委员会的3名成员被流放到南大西洋的圣赫勒拿岛，其他人逃往埃及和科威特。

1957年11月11日，伊朗内阁通过巴林是伊朗一省的法律草案。英国立即提出反对意见，英国驻德黑兰临时代办罗素向伊朗外交大臣声明，巴林是一个"独立的阿拉伯国家"，英国会维护其主权。15日，伊朗内阁宣布巴林为伊朗的第14个省。伊朗声明受到埃及等阿拉伯国家的反对，英国决心履行保护巴林不受外来侵犯的义务。

1957年12月26日，亚非人民团结大会在开罗开幕，大会承认巴林岛上居民有独立的权利，要求外国军队从巴林撤走。1958 年，英美试图将巴林拉入《巴格达条约》，遭到失败。

1957 年后，英国行政当局采取措施恢复巴林社会秩序，最高立法权掌握在酋长手里，但是其活动机构是最高行政委员会。该委员会共有 8 名成员（包括主席和秘书在内），其中 4 名是由酋长批准的哈利法家族代表，其余则是酋长从下层推荐的高级政府官员，英国行政当局代表形式上不参加该委员会。委员会负责管理 16 个部门和专门委员会的工作，部门分为两大类：管理部门（警察和公安、司法、土地使用、民事案件等）和经济部门（财政、公共工程、农业、供水工程等）。此外还有负责领导城市市政局和乡村村社委员会工作的机构。伊斯兰教法法庭只审理穆斯林离婚和继承权案件；其他案件则承认当地法院（初级法院、上诉法院和高级法院）的权威；当地法院审理巴林公民的案件以及居住在巴林的海湾国家公民的案件。英国人、美国人和印度人等外国人则受英国政治代表的司法管辖。巴林政府聘请埃及的法律学家帮助制定民法典和刑法典。1958 年，巴林通过了第一部劳动法，形式上规定了公民的权利和义务。

1968 年，英国宣布海湾国家的保护国地位将在 1971 年结束。巴林、卡塔尔和现在的阿联酋考虑成立联盟，但经过协商没有达成一致。伊朗再一次提出对巴林主权要求。1970 年，在联合国主持下，巴林进行全民公决，公决结果证明大多数人赞成建立一个独立的巴林。1971 年 8 月 15 日，巴林成为独立的国家，伊萨·本·萨勒曼·哈利法酋长为第一任埃米尔。

第五节　当代简史（1971年以来）

一　当代巴林政府的反对派

20世纪60年代以来，巴林统治者在三方面面临着政治反对派的挑战：其一，工会曾在20世纪50年代的巴林民族运动中起着核心作用，60年代和70年代仍在反对派运动中起着领导作用。1974年春夏之交，巴林罢工运动遭到了镇压。作为一种政治能量，巴林劳工运动力量日益减弱。其二，革命先锋队在巴林政治中也起到了重要作用。尽管组织力量相对弱小，他们的声明和宣言却阐述了劳工运动激进派的想法。其三，1978年以后，巴林反对派力量开始沿着教派主义形成。巴林国内什叶派社区的好战教职人员动员麦纳麦贫民，并组织秘密社团发动示威游行，抵制巴林社会的不公平现象。这三派力量都被政权诉诸武力，平息下去。

1965年3月9日，巴林石油公司工人举行罢工，石油工人被解雇。罢工工人提出承认并重视工会合法权利，解除1956年颁布的《国家紧急状态法》，停止对不同政见者政治迫害等要求。1965年夏，巴林政府出动警察和军队镇压了这次运动，罢工领导者或被投入监狱或者流放。1968年初，电力工人罢工。它们要求组成贸易工会、改进工作条件、增加工资。1970年11月，海湾航空工人、巴林铝厂工人、希得电缆工人发动了一系列的罢工。

1972年3月8日、11日和12日，巴林海湾航空公司、萨勒曼尼亚医院、萨勒曼港、巴林铝厂工人集体举行罢工。

13、14 日，罢工工人同警察发生冲突。工人们的要求仍然是改善安全设施、增加工资、建立工会等。这次抵制活动有两个特征使当政者感到问题的严重性，也标志着罢工运动进入了新的境界：其一，罢工已经诉诸暴力；其二，在政府与罢工代表谈判时，工人们表现出极强的纪律性和集体意识。随后的罢工行动仍然不断，仅在 1974 年前半年，巴林岛上就发生了 24 次工人罢工。

1974 年秋，工人罢工次数减少，但并没有消失。1976 年 4 月，巴林岛上爆发了交通、造船和医院工人参加的罢工行动，反对"禁止工人参加国家事务，除非工作 5 年以上"这一规定。[①] 随后发生的罢工并没有像 1965 和 1972 年那样威胁巴林政权的生存。

20 世纪 60 年代后，左派政治组织在巴林政治中十分活跃，但是在民众动员方面并没有劳工运动能量大。1968 ~ 1974 年间，当地的政治活动家与阿拉伯民族主义者建立紧密联系，合并了由阿曼、卡塔尔和特鲁西尔国家组成的解放阿曼和阿拉伯海湾民众阵线（PFLOAG）。该组织在 1974 年分裂，其巴林分部组成巴林人民阵线（PFB），主要成员为知识分子。巴林其他反政府秘密组织有巴林民族解放阵线（NLFB）、复兴党的巴林分支。前者得到了激进势力和工会主义团体的支持。后者以知识分子为主要成员，得到伊拉克的指导和援助。

1979 年末，巴林人民阵线（PFB）和巴林民族解放阵线

---

① Fred H. Lawson, *Bahrain：The Modernization of Autocracy*, Westview Press, 1989, p. 85.

巴林

（NLFB）为寻找合作基础进行谈判，谈判持续了一年，双方签订《共同的政治平台》文件。1981 年 1 月，文件正式出台，要求巴林恢复议会政府、建立独立的工会组织。这一报告最终使这两个组织与秘密劳工运动和巴林工会建立合作关系。

1975 年，工会活动被制止，左派组织内部混乱，最重要的挑战来自巴林的伊斯兰运动。詹姆斯·比尔（James Bill）认为这一运动具有"民众主义"的特征，主张平等主义的原则和草根阶层的组织模式。① 在巴林，"民众主义"的伊斯兰运动有两种不同的主张：一派要求现政府对社会进行相对温和的改革；另一派主张通过暴力推翻现存社会秩序。前一派主要是巴林岛的逊尼派组织，伊斯兰号召党（Call to Islam）的什叶派成员。后一派来自伊斯兰行动阵线（Islam Action Front）和解放巴林伊斯兰阵线（The Islamic Front for the Liberation of Bahrain），其成员主要是什叶派。

1979 年 8 月，大约 1000 名巴林什叶派分子在麦纳麦举行示威游行，支持伊朗伊斯兰共和国和巴勒斯坦民族运动。警察逮捕了示威游行的组织者，500 人的游行队伍要求政府释放领导者。面对什叶派运动，巴林政府驱逐了伊斯兰阵线的领导人，但这只能暂时平息什叶派的政治活动。

20 世纪 80 年代初期，什叶派领导人抗议伊拉克复兴党政权处决什叶派宗教领袖、"号召党"的建立者萨德尔。巴林随之发生骚乱，示威游行人员遭到巴林当局逮捕。1981 年

---

① James A. Bill, "Resurgent Islam in the Persian Gulf," *Foreign Affairs*, 63, Fall 1984, pp. 108 – 127.

12月13日，巴林内务部宣布破获了一个暗中从事破坏活动的60人组织，它们试图对巴林政府大楼进行袭击。1982年1月，经巴林安全部门审讯得知，该运动领导人为来自德黑兰的12名成员。随后，巴林政府对伊斯兰激进主义者进行逮捕和审判，运动陷入低潮。

2001年2月，巴林埃米尔特赦了流落国外的政治犯，包括巴林自由运动激进分子。2001年末，巴林政府允许成立非政府组织，承认"左倾"和前共产主义成员组成的全国民主行动社团（The National Democratic Action Society）、伊斯兰行动社团万法奇（Wefaq）的合法地位。万法奇社团包括什叶派激进主义者，其领导人阿里·萨尔曼在1994年被政府逮捕。在2002年5月的市镇选举中，反对党赢得50个席位中的21个席位。巴林新国王哈马德允许反对党参加2006年议会选举，让其融入巴林政治发展进程，这也是巴林政治民主化的象征性举措。

二 20世纪70年代的巴林民主改革

取得独立后，巴林开始效仿现代西方国家模式进行政治和立法改革。1971年12月，在巴林国庆节庆祝会上，伊萨埃米尔建议巴林成立制宪政府。1972年6月，埃米尔宣布成立制宪会议，负责讨论和批准制宪事宜。但是，巴林宪政统治没有民众主权和民主政治的概念。埃米尔认为：宪法是他们给民众的一份厚礼，表达了一种皇家仁爱之心。统治者与民众协商的最好方式就是民众参与政治决策，这与伊斯兰主张的"舒拉"原则相一致。

1972年12月1日，巴林举行第一届议会选举。年满20

岁以上的男性公民都有资格参加，选举分为 19 个选区，最后选出 22 人成为宪法会议的代表。宪法会议由 42 人组成，除了民众选举的 22 人外，会议成员还包括埃米尔任命的 8 人，政府内阁的 12 个成员。

巴林国内存在着不同的利益群体，他们要求也不同。受过大学教育的专业人员、中等收入的商人主张制定选举制度。制宪会议的 15 名议员宣布成立联合组织。此前，14 个民族主义议员已成立政治组织，8 个议员组成同情劳工的组织。这三个组织均要求埃米尔取消 1965 年 4 月的公共安全法。解放阿曼和阿拉伯海湾民众阵线（PFLOAG）要求政府结束国家的"紧急状态"。此外，中等收入的妇女抗议政府剥夺其公民权。9 月，许多妇女社团谴责巴林政府剥夺其选举权，巴林青年女子社团、阿瓦利妇女社团和里法妇女社团呼吁公众支持妇女享有投票权。11 月 20 日，这些文件均呈交给巴林埃米尔。伊萨酋长对妇女表示同情，但在改变选举法，给予妇女权力等层面仍无动于衷。

巴林商业精英在民众议会选举方面持中立立场，不参与选举进程。1972 年初，许多商业精英表达了支持制宪的意图，认为制宪的目的是加强统治者和被统治者之间的合作。他们认为宪法是巴林国家独立的表现，但是他们并不支持建立政党和政治反对派来角逐政坛。

无论是巴林统治集团（哈利法家族、富裕商人和国家行政人员）还是有影响的政治反对派参与制宪会议选举，其结果都显示出两个基本趋向。

第一，选举体现不同选举地区的民意，表现出选民代表多样化的特点。在麦纳麦地区，8 个候选人中有 7 人来自什叶派社区；在穆哈拉格地区，6 个获胜者有 5 人是逊尼派；从麦纳麦、穆哈拉格和伊萨镇来的 15 人中，9 人是专业人士；锡特拉（Sitra）、里法（ar-Rifa）和杜米斯坦（Dumistan）地区为商人代表。根据选举法，政府官员在竞争议会席位时必须辞职，选举在某种程度上反映了民意。

第二，在保守势力和自由派势力之间的竞争中，前者经常获胜。什叶派议员在穆斯林社区竞选中获胜的机会很大，毛拉在竞选中脱颖而出。20 世纪 50 年代，以反对英国殖民统治为目标的民族主义者经常徘徊于统治模式之外。制宪会议被任命的代表几乎都是巴林商业家族精英，其中 5 人是有影响的逊尼派商人；其余 3 人是什叶派富豪。一年以后，制宪会议赞同宪法，成立国民议会。统治者有权解散议会，在议会被解散的两个月之内，进行新的议会选举。

1973 年 12 月 7 日，巴林举行国民议会选举，并颁布宪法，成立巴林国民议会，实行君主立宪制，埃米尔为国家元首。这次选举与制宪议会选举在许多方面具有相似之处：具有民族主义倾向的团体的代表构成了候选人的最大部分，商业精英放弃了民主参与，激进组织解放阿曼和阿拉伯海湾民众阵线（PFLOAG）抵制选举。

巴林有三个政治联盟。第一个是民众集团，坚持传统的工会主义，主张工人参与经济政策的制定。这些组织包括由工人和学生组成的伊斯兰激进组织、复兴党巴林地区分支等，其支持者主要来自麦纳麦和穆哈拉格什叶派占多数的乡村地区。第二个是宗教集团，他们支持劳工改革，要求限制非宗教的青年俱乐部、酒类的销售以及男女之间在公共场所的交往。第三个是独立人士，他们从自己的社会背景出发，构成政治参与力量。

1975 年 8 月，由于国民议会不批准国家安全法案以及延长美国海军在朱费尔（Jufair）军事基地的租赁，埃米尔下令解散议会，总理被迫辞职，并中止宪法中有关君主立宪和政治民主的条款，改行君主制。随后《国家安全法》及其补充法《国家安全法庭审判法》获得通过。这两项法律允许司法机构不经审判便可拘禁公民三个月。这意味着巴林民主进程的巨大倒退，短命的首次民主改革宣告结束。

这次改革的失败反映了当时巴林社会中反对民主的王室势力与民众的民主要求之间的激烈冲突，以及王室在政治民主化问题上摇摆不定的态度。同时说明从部族社会脱胎的巴林在独立之初，社会发展的落后，民主传统、民主理念的缺乏，这些都制约了巴林民主化进程。

三　20 世纪 70 年代末以来巴林什叶派运动的发展

78 ~ 1979 年的伊朗伊斯兰革命成为巴林什叶派政治发展的重要转折点。它不仅大大增强了什叶派的自我认同意识，也促使更多的人投入维护自我权益的斗争。此后的十几年，伊朗对巴林什叶派产生了重大影响。1978 年 8 月，来自伊拉克的宗教学者哈迪·穆达里希（Hadi al-Mudarrisi）① 作为霍梅尼的私人代表进入巴林，9 月初，另一个伊朗宗教学者萨代赫·鲁哈尼（Sadegh Rouhani）紧随其后。在穆达里希的鼓动下，巴林什叶派于 1979 年夏两次举行示威游行，结果他和鲁哈尼先后被驱逐出境。1979 年 11 月，

————————

① 他与其兄弟塔基·穆达里希曾是伊拉克伊斯兰行动组织的领导人。

穆达里希联合流亡在伊朗的巴林什叶派反政府力量，在德黑兰建立了巴林伊斯兰解放阵线（IFLB）。这是巴林历史上第一个什叶派政治组织。在随后爆发的两伊战争中，巴林支持伊拉克，于是伊朗向巴林什叶派反政府力量提供资金，企图扰乱其国内秩序。1981 年 12 月，解放阵线图谋发动军事政变，推翻哈利法家族的统治，建立伊斯兰共和国，但以失败而告终，涉入事件的 73 人被捕。1987 年，解放阵线发动的另一次政变又被巴林政府挫败。在整个 20 世纪 80 年代，巴林国内什叶派多次游行，要求政府扩大就业，恢复宪法。然而，这一时期什叶派尚未形成一支统一的政治力量。一方面，大多数什叶派不支持解放阵线的颠覆活动，更不主张建立伊斯兰国家；[①] 另一方面，解放阵线由于其浓厚的伊朗色彩，而被视为伊朗的第五纵队，舆论方面的不利影响大大限制了什叶派政治运动的发展。

进入 20 世纪 90 年代，什叶派与哈利法家族的矛盾逐步激化，什叶派要求平等权益的斗争成为巴林国内最大的不稳定因素。面对民众的改革要求，埃米尔于 1992 年授权组建协商委员会，但它只是一个咨询机构，并无实权。成员全部为埃米尔任命，且可被埃米尔随时解散。1994 年 10 月，什叶派乌里玛联合逊尼派反对派领导人发起了声势浩大的请愿运动，要求埃米尔尽快恢复议会，近 2.5 万人签名支持，其中约 70% 为什叶派。但埃米尔不仅拒绝与反对派进行任何谈判，而且下令逮捕了包括宗教学者阿里·萨勒曼（Ali

---

① R. K. Ramazani, *Revolutionary Iran: Challenge and Response in the Middle East*, London: The Johns Hopkins University Press, 1986, pp. 50 – 52.

Salman）在内的 3 名什叶派领导人。11 月，什叶派在多处示威游行，并与警察发生冲突。到次年（1995）3 月，什叶派骚乱达到高潮。首都麦纳麦和什叶派聚居的乡村，银行和巡逻站遭到什叶派人士的袭击，不少学校和供电站被烧毁或遭到破坏。政府派大量警察予以镇压，至 5 月，700～1600 人被捕，14 个什叶派穆斯林和 3 个警察在冲突中丧生。① 这次与政府持续长达半年的冲突被什叶派称为"巴林因提法达"（Intifada，意思是起义）。此后，游行仍然时断时续地发生。

这时，什叶派乌里玛已经完全确立了自己的领导地位，成为巴林什叶派利益的主要代言人。除伊斯兰解放阵线外，20 世纪 90 年代又出现了最大的什叶派政治组织——巴林自由运动（又称为巴林解放运动或巴林伊斯兰运动）。它以维护什叶派权益为首要任务，但在实际行动中，尽量淡化什叶派色彩，主张与反对哈利法家族的逊尼派合作，反对建立伊斯兰国家。由于巴林政府的镇压，许多成员流亡国外。他们在伦敦等地向西方媒体批露哈利法家族在国内压制人权的行为，介绍什叶派的反政府活动。在他们的努力下，巴林什叶派的处境开始受到西方国家和国际组织的关注。② 这给巴林

---

① Munira A. Fakhro, "The Uprising in Bahrain: An Assessment", in Gary G. Sick and Lawrence G. Potter (Eds.), *The Persian Gulf at the Millennium*, London: Macmillan Press Ltd., 1997, p. 180. 但萨克尔·纳欧米依据《经济学家》报道，认为有 1.5 万人被捕。可参见：Sakr Naomi, "Reflections on the Manama Spring", *British Journal of Middle Eastern Studies*, Vol. 28, No. 2, 2001, p. 230.

② 1997 年，总部设在美国的人权观察组织发表长达 109 页的报告，批评巴林政府侵犯人权的行为。同年，欧洲议会通过一项历史性决议，要求巴林政府释放政治犯，实行法治。

政府形成了一定压力。

20 世纪 90 年代，尽管大多数什叶派坚持和平的斗争方式，但有一些激进分子主张使用暴力手段迫使政府让步。1996 年 3 月，一家饭馆因人故意纵火而致使 7 个孟加拉国人死亡。而后，又由于法庭判决一个杀死警察的什叶派人死刑，引起麦纳麦郊区什叶派的暴力抗议。[①] 当年 6 月，巴林政府又声称挫败了一起企图推翻政权的阴谋，51 人被捕。但总体而言，激进分子人数很少，影响不大，不足以对哈利法家族的统治造成重大威胁。

进入 21 世纪后，什叶派反政府力量经过分化和整合，形成了三个主要的政治组织，其中以伊斯兰民族和谐协会影响最大，成员最多，人数至少有 6.5 万。它是 20 世纪 90 年代十分活跃的巴林自由运动的继承者，虽然其领导人是宗教学者阿里·萨勒曼，但它不是一个宗教组织，而是完全以改变什叶派境况等世俗内容为目标。另一个重要的组织是伊斯兰行动协会，成员至少有 2 万人，领导人是穆罕默德·阿里·马哈福兹（Muhammod Ali Mahfuz）。该协会与其他反对派一样，要求政治改革，但主张按沙里亚规范社会制度，视身在伊朗库姆的萨迪克·设拉子（Sadiq al-Shirazi）为精神领袖。它由原先的激进组织巴林伊斯兰解放阵线发展而来，因而受到逊尼派和部分什叶派的猜疑。但现今它已抛弃了其强硬路线，不再公开声称推翻政府。第三个组织是伊科哈（Al-Ikha），

---

① Uzi Rabi and Joseph Kostiner, "The Shi'is in Bahrain: Class and Religious Protest", in Ofra Bengio and Gabriel Ben-Dor (eds.), *Minorities and the State in the Arab World*, Boulder: Lynne Rienner Publishers, 1999, p. 184.

成立于 2004 年，成员只有大约 100 人，几乎全部为伊朗裔什叶派，但它与伊朗并无联系，完全以维护巴林伊朗裔什叶派权益为目标。

尽管这些组织宗教观点和民族构成不尽相同，但都以推进政治改革、改善什叶派经济状况、消除社会歧视为基本目标。它们并不企图发动革命，取代哈利法家族，而是把通过和平抗议，促使其大幅度改革视为改变现状的主要手段。

对于哈利法家族而言，如何妥善处理什叶派问题直接关系到国内秩序的稳定和家族统治的稳固。然而，由于什叶派的民主要求和哈利法家族独揽大权之间存在根本矛盾，强硬成为政府对什叶派政策的基本特征，而在政府限制、防范甚至镇压什叶派的同时，在不动摇政权根基的前提下，哈利法家族也实行有限的改革，以缓和国内的矛盾。

第一，分化国内反对派，力图使逊尼派成为政权的支持者和什叶派的反对者。在巴林国内，什叶派固然要求改革，但逊尼派也大多不满哈利法家族的统治。长期以来，两派活跃分子曾联合一致，发起和参与反政府斗争。然而，在伊朗伊斯兰革命后，政府却有意把所有的政治运动都竭力描绘为什叶派企图实现对逊尼派统治的阴谋。虽然两派穆斯林都参与了 1994 年的请愿运动，但只有什叶派被大批逮捕，而逊尼派则基本安然无恙。政府掩盖运动产生的真实原因，而把这起事件和随后发生的骚乱称为"教派冲突"，鼓励和纵容学校里骚扰什叶派学生的行为。2005 年初，当发生什叶派大游行后，包括首相在内的政府高官几次指责什叶派挑起教派冲突。政府的这种做法虽然在一定程度上妨碍了两派的合作斗争，促使更多的逊尼派与哈利法家族为伍，但客观上却扩大和激化了国内两大教派之间的矛盾。

　　第二，有意夸大什叶派政治斗争中的伊朗因素，怀疑其对国家的忠诚。伊斯兰革命后，伊朗曾支持巴林什叶派的反政府活动。巴林与伊拉克、伊朗和黎巴嫩等国的什叶派，都属于十二伊玛目派，彼此之间联系密切，但巴林却没有本土的效仿渊源，因此，当地什叶派选择这些国家声望卓著的宗教学者作为效仿对象。伊朗领袖哈梅内伊、伊拉克的西斯塔尼、黎巴嫩的法德拉拉和真主党总书记纳斯鲁拉在巴林具有相当的影响力。许多什叶派乌里玛毕业自伊朗库姆的宗教学校，现今有大约 200 名学生在那里接受宗教教育。然而，外部宗教学者尤其伊朗哈梅内伊在巴林的影响主要局限于宗教领域，大多数巴林什叶派并不想借助包括伊朗在内的外部力量来改变自身地位，更不愿让巴林依附或者合并于伊朗。但是，哈利法家族把什叶派政治运动一概描绘为伊朗的政治工具，指责什叶派乌里玛企图在伊朗支持下建立国中之国。通过这种宣传，哈利法家族既能免除与什叶派反政府力量谈判的任何责任，又可回击西方国家对其国内政策的批评。什叶派政治运动也因此在国内舆论中处于不利的境地。2005 年 3 月初，当什叶派阿术拉节上出现哈梅内伊等人的图像时，巴林政府专为此事向伊朗大使馆提出正式抗议，指责其在背后指使。由于怀疑或认为伊朗背后支持什叶派，图谋在巴林建立伊斯兰国家，许多逊尼派逐步疏远了什叶派的政治运动。

　　第三，大力争取周边国家尤其是沙特阿拉伯的支持。科威特、沙特和卡塔尔等海湾地区的阿拉伯国家都有一定比例的什叶派，巴林因什叶派问题而引起的政局不稳不可避免地将会对这些国家产生影响。巴林政府正是利用这一点，获得了大量的资金支持，尤其是沙特成为哈利法家族强硬政策的主要外在支持者。据报道，沙特每年向巴林提供的援助占巴政府预算的45%。1986年法赫德国王堤道开通后，大量沙特人到巴林旅游和娱乐，而沙特情报人员则遍布整个国家。瓦哈比派书籍被沙特人带到巴林，以此影响逊尼派思想。由于沙特对哈利法家族的大力支持，许多什叶派把沙特视为巴林许多问题的根源，认为若非沙特的协助，哈利法家族早就妥协让步。鉴于哈利法家族的命运事关沙特利益，有学者认为，如果巴林国内形势出现失控局面，沙特将派兵进入巴林。

第四，采用多种手段，加强对国家和社会的控制。根据1974年《国家安全法》，凡政府认为有害国家安全的人，不经指控或者审判即可被逮捕和监禁三年。在监狱中，被捕者遭受殴打、电击、性侵犯、烟头烧烫和不准睡眠等虐待。政府还实行消息封锁，严查国内媒体，对王室不利的消息一概不得报道，防止国外媒体获取有关国内什叶派政治运动的消息。为保证安全部门的绝对忠诚，政府从国外输入大量逊尼派穆斯林。军队中士兵大多是来自叙利亚和约旦的贝都因人，而内政部等其他安全机构中则有许多俾路支人和也门人。由于这些人的生计完全仰赖政府，他们在镇压什叶派骚乱时往往毫不留情。政府还严格控制教育系统，巴林大学校长由一名将军担任，每一个课堂都设一个告密者，校园内若出现政治集会和抗议活动，马上由警察介入处理。由于大学是政治抗议活动的多发地，政府严格限制什叶派进入大学的人数，在1995年骚乱后不再给什叶派学生分发留学奖学金。政府还控制了部分什叶派宗教机构、清真寺和马塔姆（Matam），其他的则处于严密监视之下。什叶派毛拉由国家任命，讲道内容由政府统一规定。另外，哈利法家族控制关键的财政职位，以削弱什叶派为政治目的获取资金的能力。

伊拉克什叶派的崛起大大激发起了巴林什叶派的权利意识。伊拉克战争后，达瓦党等什叶派政党首次主导伊拉克政权，受此鼓励，巴林什叶派对现状更加不满，近几年来，什叶派的大规模游行明显增多。2005 年 3 月 25 日，曾有 5 万 ~ 8 万人走上街头，要求政治改革。虽然政府给不少外国逊尼派授予巴林公民权，但什叶派的人口增长速度更快。少数人专权和大多数人基本无权之间的对比将更加鲜明。伊拉克什叶派宗教领袖西斯塔尼提出的"一人一票"的原则，得到巴林什叶派的广泛认同。依照伊拉克模式，通过民主选举，改变自身地位，成为巴林什叶派的强烈愿望。

四 哈马德的民主改革

1. 改革的历史背景

19 99 年 3 月 6 日，巴林埃米尔伊萨·本·萨勒曼·哈利法因心脏病发作去世，其长子哈马德·本·伊萨·哈利法王储在内阁会议上宣誓就任新的统治者，在几个小时内平静而顺利地完成了权力过渡。哈马德作为中东新生代政治家，从小接受西方民主思想的熏陶，这促使他继位后着手进行民主改革，以稳定国内政局。当然，哈马德改革还有其特定的历史背景。

一是 20 世纪 90 年代迅速消耗的石油资源与海湾战争的巨额账单使巴林遭遇到前所未有的经济困境，社会矛盾开始暴露。1994 年 12 月，巴林政府逮捕什叶派教职人员阿里·萨勒曼，引发了新一轮政治动乱。阿里酋长利用传经布道的方式谴责政府的反宪法行为，鼓励民众向政府递交请愿书，恢复选举产生的国民议会。什叶派和逊尼派社区的 2.5 万人在请愿书上签名。巴林政府随后驱逐了阿里酋长，政府中的什叶派领导人被逮捕，在请愿书上签字的逊尼派领导人被解除行政职务。

二是动荡的政局打击了巴林金融业，经济衰退使大批本国人失业。20 世纪 90 年代以来，巴林失业率一直高居 15% 到 25% 之间。这引发了巴林人对外籍劳工的仇视，排外浪潮开始蔓延，巴林人与外籍劳工的对立使社会更加动荡。

三是哈利法家族统治岌岌可危，政治合法性遭遇挑战。巴林哈利法家族人数只有 400 人，而全国国民收入的 1/3 归他们所有。英国广播公司（BBC）曾这样报道了巴林局势："在巴林贫穷的什叶派穆斯林村庄中，经常能见到房屋的墙上涂满了反政府的标语，甚至出现了反对执政者的海报。" 1995 年，政府释放了贾姆里（Jamri）酋长和他的 5 位同伙，但在 10 月份又以鼓动暴力的罪名将其逮捕入狱。随后，巴林发生了一系列炸弹袭击事件，损失惨重。1997 年 11 月，巴林政府宣布对总部位于伦敦的反政府组织——巴林自由运动（Bahrain Freedom Movement，BFM）的 8 个领导人判处 5 ~ 15 年的刑罚。1998 年，在巴林政府的打击下，暴力活动势头有所减弱。20 世纪 90 年代中期，巴林发生民众骚乱事件，曾导致 40 人丧生。

2. 改革的准备

为了减缓矛盾，伊萨埃米尔扩大了 1992 年成立的协商委员会的人数和权力，协商委员会成员由 30 人增加到 40 人。但是，巴林政府随后并未兑现这些许诺。1996 年 5 月，协商委员会的规模和作用开始扩大。

1999 年 3 月，哈马德继承王位后，巴林政府与反对派的关系得到缓和。巴林自由运动领导人开辟了与新埃米尔对话的渠道。1999 年 5 月，巴林释放了大约 300 名政治犯。哈马德关注巴林监狱虐待囚犯的报告，在协商委员会内部建立人权委员会，调查虐囚事件。

2000 年末，哈马德成立委员会协助草拟国家行动宪章（National Action Charter），将巴林变成拥有议会选举和协商委员会的君主立宪制国家。他然后对宪章进行全民投票，在全民投票的前一天，哈马德释放了所有的政治犯。在 21.7 万合法投票人（年龄在 20 岁以上的男女公民）中，宪章最终以 98.4% 赞成票优势通过。

2001 年 2 月，巴林政府废除了《国家安全法》。5 月，公共起诉委员会从内务部转移到司法和伊斯兰事务部。2001 年末，巴林政府允许有关政治和社会经济事务性质的非政府组织和政党存在。

2002 年 2 月 14 日，《国家行动宪章》通过一年以后，哈马德埃米尔宣布巴林是一个君主立宪制国家，埃米尔改称国王，他自己任国王。10 月，他提出了立法选举的计划，并将 9 月 5 日列为市镇选举的日期。同时，举行第一届议会选举。2004 年 9 月，巴林人权中心创始人阿卜杜勒·哈迪·哈瓦加（Abdel Hadi al-Khawaja）被逮捕入狱，原因是对首相哈利法·本·萨勒曼·哈利法的人权记录和经济治理进行攻击。后来国王下令释放。

3. 民主改革的内容

哈马德是巴林国家的第二代国家元首，受现代西方文明的深刻影响，其作风与观念表现出海湾"现代派"领导人的特点。上台伊始的哈马德开始了大刀阔斧的现代化改革，这些改革涉及政治、经济、外交等各个层面。

其一，推进民主化进程，加强社会各阶层的团结，其中最大的举措就是修改国家宪法、恢复议会，实行君主立宪政体。哈马德说："我们通过民主选举恢复议会的决心既然下了，就不会再走回头路。"① 他以灵活务实的态度，一改自己昔日强硬的行事风格，采取协调与协商的方式与反对派对话，甚至满足反对派提出的许多政治要求。

其二是释放政治犯，以显示新君的宽容气度。2001 年 2 月 5 日是巴林国防军建军 33 周年庆典，哈马德签发特赦令，900 多名罪犯被法外施恩，得到大赦。一位什叶派穆斯林在被囚禁 5 年后，在此次大赦中重获自由。他满怀感激地说："这些举措具有非常积极的意义，而且是出乎所有人意料的。此前，我们虽然预料到会出现某种变革，但没有想到变革的速度如此之快，幅度如此之大。"哈马德还于 2001 年 2 月，签署法令废除《国家安全法》，解散国家安全法庭。

其三是大胆提高妇女地位。哈马德允许女子和非穆斯林参政，打破男子主导政治体系的传统格局。1999 年 12 月，巴林妇女哈亚被任命为驻法大使，第一位巴林女大使的出现在保守的宗教人士看来是一次政治地震。哈马德还破天荒地赋予妇女选举权和被选举权，巴林妇女可以冠冕堂皇地角逐于政坛。新国王重视妇女在国家生活中的作用，近年来，妇

---

① 中国现代国际关系研究所：《阿拉伯新生代政治家》，时事出版社，2004，第 248 页。

女在巴林政法界的作用不断增强。2000 年埃米尔任命了 6 位妇女为上议院议员。2001 年，巴林成立了"妇女最高委员会"，其 16 名成员都是女性。2006 年 6 月，巴林女外交官哈亚·拉希德·哈利法当选为第 61 届联合国大会主席，成为首任此职的阿拉伯和穆斯林妇女。莫娜·卡瓦里被任命为巴林首位女法官，她也是海湾地区第一位女法官。2006 年 11 月，巴林财政部人事司司长拉提法·加乌德女士当选为议员。2007 年 4 月 26 日，哈马德国王正式任命留学埃及的法学女博士多哈·齐亚妮为宪法法庭法官。哈马德推进妇女参政议政一方面是由于受到其妻子巴林最高妇女委员会主席比卡的影响，另一方面，也展示了新生代国王开明、摈弃传统思维的现代化姿态。

其四是稳步推进经济改革。巴林统治者一直致力于推动经济多元化格局，并取得了显著的效果。金融服务、石油工业、旅游业成为巴林三大支柱产业，巴林被称为"中东的香港"、"阿拉伯世界的苏黎世"。哈马德上台后，发布了一系列鼓励外商投资的优惠政策，并在炼油、炼铝、钢铁、造船、塑料加工以及食品、制药和通信设备等部门投入巨额资金，带动了巴林经济新一轮的腾飞。

其五是实行务实、自主、睦邻、广交为主旨的多边外交。巴林与卡塔尔的领土纠纷一直是中东国际关系中的棘手难题，哈马德即位后主动改善同卡塔尔的关系，2001 年 3 月 16 日，国际法庭最终裁决，和平解决了这一历史遗留难题。巴林与伊朗一直心存芥蒂，2002 年 8 月 17 日，哈马德访问德黑兰。次年，伊朗前总统哈塔米回访巴林，两国关系得到改善。哈马德在伊拉克问题、中东和平进程中都表现出非凡的气度，被称为"成熟的外交家"。

其六是打击恐怖主义。巴林是美国忠实的盟友,但国内的反美力量很有市场,巴林政府一直加大力度防范和打击恐怖主义。2003年2月15日,巴林警方成功破获了一场发动恐怖袭击的阴谋,并逮捕了5名恐怖嫌疑人员。随着中东反美主义的兴起,巴林面临恐怖威胁的可能性会更大。

4. 民主改革的意义与局限

这次改革发生在民主化水平较低,社会封闭保守的海湾地区,因此意义非同寻常。其积极意义体现在以下几个方面。

第一,这次改革使巴林由一个酋长国变为一个君主立宪制的王国,说明巴林政治开始向现代政治体制过渡。

第二,在这次改革中,许多1975年流亡国外的反对派和什叶派人士返回巴林,大批政治犯被释放,这将有利于缓和巴林国内逊尼派与什叶派的紧张关系,有利于社会稳定。

第三,这次改革还创造了许多"第一"。它是巴林第一次成功的民主改革,也是第一次民主启蒙运动,巴林妇女第一次获得了政治权利,推动了巴林与海湾地区的女权运动的发展。

这次改革为巴林带来了政治新气象,对未来巴林的政治发展走向意味深长。但其民主改革的局限性也很明显,表现在以下层面。

一是君主立宪二元制度决定了这次改革的不彻底性。议会虽拥有立法权,国家大事也必须经过议会表决,但国王有权否定议会的决议。上院的议员由国王任命,其席位超过下院,这使得议会可能成为"橡皮图章"。这也说明统治家族在权力与民主之间徘徊的矛盾心态。

二是哈马德国王继位后引发了新统治者与其叔父、首相哈利法之间的权力之争。自从巴林独立以来，哈利法一直是首相，也是巴林政坛最有势力的政治人物。伊萨酋长作为国家的行政首脑对日常政治事务很少过问。1964 年，哈马德被认定为王储，与其叔父哈利法之间的关系一直冷淡。两人有不同的政治背景：首相与商业阶层联系过密，而哈马德国王一直以军事强人著称。哈马德国王继位后不久，积极参与政治事务，改变首相独揽事务的局面。新国王试图通过施展自己的政治能量，获得民众认同和支持。他宣布改行君主立宪制，势必会减弱哈利法与统治阶层中保守势力的力量，保守力量一直认为放弃权力会威胁到他们的势力。

三是巴林诸多社会问题仍制约着民主改革的进展。这些社会问题包括：高居不下的失业率，巴林王室官员腐败现象严重，近年来发生的高级军政官员携巨款出逃案件，导致民众对王室与政府的信任度降低，对政治产生抵触情绪，这对民主进程的发展是十分有害的。

四是什叶派政治力量的崛起，威胁巴林政局的稳定。在2002 年巴林地方选举中，什叶派穆斯林在选举中大获全胜，获得了地方议会的绝大多数席位。什叶派的"宗教协会"已经具有政党的功能，是现代政治意义上的政党的雏形。选举结果表明伊斯兰思潮与伊斯兰运动在巴林具有广泛的社会基础和强大的政治影响力，这样政治民主化导致的往往是宗教势力的抬头，延缓了世俗化进程。

哈马德的民主化改革使得西方价值观与民主化制度在巴林这样一个传统的伊斯兰国家已经"落地"，但能否"生根"还尚未可知。因此巴林修宪、选举是一回事，政治民主化是另一回事。但不可否认，巴林的民主改革开启了海湾国家政治民主化之门，它带来的示范效应必将推动这一地区的政治民主化进程。

第六节　重要历史人物介绍

萨·本·萨勒曼　1933 年，伊萨·本·萨勒曼（Isa Bin Salim）出生在麦纳麦。1958 年被指定为王储。1961 年其父萨勒曼·哈利法去世，伊萨登上巴林的权力宝座。19 世纪初，巴林曾沦为英国的殖民地。20 世纪 60 年代，英国在中东的势力逐渐衰退。随后，巴林、卡塔尔与特鲁西尔 7 国试图成立联邦国家。伊萨对草案中有关宪法的某些内容感到不满，遂决定谋求完全独立。1971 年巴林国独立，伊萨·本·萨勒曼自称埃米尔，成为巴林的开国君主。同年 12 月 16 日，埃米尔登基，这一天被定为巴林国庆日。

　　巴林经济发展还是在石油开采以后，巨额的石油美元为巴林经济的发展提供了前所未有的机遇。在石油美元的刺激下，巴林很快步入富国行列。但是伊萨·本·萨勒曼并没有陶醉于巨额石油美元的涌进，而是理智地意识到单一石油经济结构的弊病。他启动了数项改革措施，试图更好地利用石油资源造福子孙。一是致力于石油经济转型；二是大力发展教育；三是建立发达的金融中心，以弥补巴林石油储量的不足。最使伊萨埃米尔引以为豪的是巴林与沙特阿拉伯之间的法赫德国王跨海大桥，该桥于 1986 年竣工，不仅沟通了沙特阿拉伯与巴林两国，而且将巴林的 36 个岛屿连接成一个有机整体。

伊萨埃米尔身材不高，双目炯炯有神，说话风趣幽默，思维敏捷，平易近人。他治国理念较为宽厚，虽为一国之君，但体察民情，经常到民间问寒问暖。一位住在巴林的外国人形容伊萨统治下的巴林"更像一个大家庭，而不像一个国家"①。

1998 年伊萨在美国俄亥俄州克利夫兰接受心脏外科手术。据说，当天上午，他还接见美国国防部长科恩，科恩事后回忆说："我们谈了大概半个小时，我当时感觉到他好像不太舒服。"1999 年 3 月 6 日，巴林首都麦纳麦噩耗传来，伊萨·本·萨勒曼埃米尔突发心脏病，不幸去世，享年 66 岁。

伊萨有 5 子 6 女，长子是哈马德。作为开国元勋，他为巴林社会的发展作出了巨大的贡献。伊萨是一位杰出的国家领导人，在他统治下，巴林国泰民安，民众对他的认同度极高。

---

① 中国现代国际关系研究所：《阿拉伯新生代政治家》，时事出版社，2004，第 240～241 页。

第三章

政　治

第一节　国体与政体

一　巴林国体

殖民地时期，英国通过政治代理人对巴林进行间接统治。巴林的直接统治者是酋长，酋长一般实行世袭制，但新酋长必须得到英国政府的承认。酋长拥有全部的行政、立法、司法权力，国家一切决策取决于酋长。

20世纪30年代，巴林对行政管理制度进行改革。1931年，巴林成立教育委员会。此后又陆续建立起卫生、公益事业以及教育与劳工部门等若干专门委员会。巴林的一些重要部门由英国技术专家控制，其他部门由哈利法家族的阿拉伯人掌管。巴林设有一个由英国人担任秘书的秘书处，负责定期发布预算、协调政府各部门关系，联络巴林政府与英国政治代理人。

1956年2月，巴林成立最高行政委员会，负责指导警察、公安、司法、土地使用、民事案件等部门和专门委员会的工作，监督城市的市政局和村社委员会。最高行政委员会成员共 10 人，由酋长亲自指定，其中 7 人（包括委员会主席在内）为统治家族成员，其他 3 人则从政府官员中挑选。

1970 年 1 月 19 日，巴林发布管理体制改革的第一号命令。巴林建立由 12 名成员组成的国务委员会，代替以前最高行政委员会行使的行政权和立法权。这次改革削弱了哈利法家族的力量，在 12 名成员中，只有 4 人属王室成员。

1971 年 8 月 15 日，巴林宣告独立。巴林酋长国改为巴林国，国家元首称埃米尔，由伊萨·本·萨勒曼·哈利法出任。巴林实行君主立宪酋长制，国内禁止政党活动。

二 巴林政体

巴林政体的突出特点是国家元首继承制度化，实行世袭的长子继承制，国家由哈利法家族进行统治。这一制度化的继承结构有利于限制王室内部的争权夺利，以实现政治权力的平稳过渡。宪法规定，巴林的统治权实行世袭制，伊萨·本·萨勒曼·哈利法传给他的长子，如此世代相传。但是，如果埃米尔以继位诏令指定另一儿子为继承人，则情况例外。自独立以来，哈利法家族一直统治着巴林。哈利法家族成员占据内阁职位一半以上。教育委员会和卫生委员会主席、警察与公共安全部大臣等职分别由王室成员担任。除中央一级外，巴林 4 个自治市、2 个农村自治区委员会，成员一半由选举产生，另一半则由王室控制。

巴林在理论上实行行政、立法、司法三权分立，但实际上埃米尔权力超越三权之上，拥有号令一切的权力。依据宪法规定，立法权属于埃米尔与国民议会，行政权属于埃米尔、

巴林

内阁和各部大臣，司法审判权由法院以埃米尔的名义实行。巴林拥有 1500 人的武装力量和 1500 人的安全部队，还有两支忠于政府的军队，都由埃米尔领导，他是国防军最高统帅。2002 年 2 月 14 日，哈马德在庆祝巴林"全国宪章"通过一周年之际宣布巴林国为君主立宪制国家，巴林国更名为巴林王国，国家元首埃米尔改称国王。这是巴林王国"国家政治生活民主化进程"的良好开端。

巴林行政权属于内阁。巴林宪法第 85 条规定，内阁主管国家各部，为国家制定、执行政策，监督政府各部门的工作。首相为内阁之首，执行内阁的决定，协调各部工作。内阁大臣分管各部事务。宪法还特别规定，在任期内的大臣不得兼任其他公职或经营工业、商业、金融业等政府以外的职业。内阁会议由埃米尔主持，内阁决议需由埃米尔批准，颁布诏令。

巴林与海湾其他国家一样，并没有走西方化和世俗化道路，而是传承着阿拉伯—伊斯兰的文化方式、信仰体系和生活习惯。伊斯兰教与国家政权相结合，成为巴林实行统治的思想武器。巴林宪法第 2 条规定，伊斯兰教为国教，"伊斯兰教律为立法之主要源泉。"宪法第 5 条第 1 款规定，家庭为社会之基础，其力量在于宗教、道德和爱国主义。第 6 条规定巴林保护阿拉伯和伊斯兰文化遗产，致力于加强伊斯兰国家的联系并致力于阿拉伯民族统一和进步。执掌国家政权的哈利法家族属逊尼派。什叶派一般为土著居民，多以农业为主。巴林不是实行政教分离的世俗君主制国家，不仅伊斯兰教是国家政治生活的一部分，而且由于世俗的法律不健全，在社会生活中的某些领域仍实行伊斯兰教法。

三 巴林宪法

巴林独立后即着手制定宪法，制宪会议由 42 人组成，包括秘密投票选出的 22 人、另选的 8 人以及内阁大臣 12 名。制宪会议每周召开两次，从 1972 年 12 月 16 日到 1973 年 6 月 9 日共举行 45 次会议。1973 年 6 月 2 日，新宪法获得批准，12 月正式颁布。巴林宪法包括 5 个主要部分：①国家和政府制度；②社会的基本要素；③公民的权利与义务；④权力机构；⑤一般性条款与最后决定。宪法对巴林的国家性质与政府制度作出了明确的规定，它界定了国家机构的职能，奠定了国家基本政治、法律制度的基础。

2000 年 11 月，哈马德埃米尔发表敕令，成立国家宪章全国最高制定委员会，负责制定国家宪章。2001 年 2 月，巴林举行全国投票，以 98.4% 的支持率通过了《国家行动宪章》。2002 年 2 月 14 日，巴林颁布新宪法，改国体为王国制，修改国旗，确定新国歌，埃米尔改称国王；解散协商议会，设两院制议会，司法独立，实行三权分立。

四 国家元首

1973 年宪法规定埃米尔为国家首脑、武装部队总司令。巴林自独立以来，哈利法家族成为政治精英的核心力量。伊萨·本·萨勒曼·哈利法（Isa Bin Sulman al Khalifa）生于 1933 年 6 月 4 日，1961 年继承父位成为巴林的第 11 位埃米尔。哈利法在继承王位时没有遇到任何挑战，因为他是先前统治者的长子，早在 1958 年就被任命为继承人。根据 1973 年 12 月的宪法规定，埃米尔的职责和头衔自动由父向其长子传承，有例外情况则从哈利法家族挑选另一成员继承。

2002 年 2 月，巴林由一个绝对君主制国家变为君主立宪制国家。现在的统治者哈马德·本·伊萨·哈利法（Hamad Bin Isa al-Khalifa）是在 1999 年其父伊萨·本·萨勒曼·哈利法死后继承王位的。同年 10 月，巴林恢复了关闭已久的议会，议会可以审议与批准法令，标志着巴林在政治民主化道路上迈出了革命性一步。巴林新宪法认为：国王是"不可侵犯的"；其继承人实行子承父业的原则。国王有权任命和罢免首相与部长，可以批准和颁布法律制度，任命与解除协商委员会成员、法官、高级司法委员会主席以及新宪法法院成员的权力。他批准并保证宪法法律的执行，有权修改宪法，这一规定在 1973 年版本中没有提及。宪法还规定下议院或者协商委员会的 15 个成员有权修改宪法。此外，旧宪法给予统治者解散国民议会的权力，但新宪法并没有明确说明国王有此特权。

哈马德·本·伊萨·哈利法 1950 年 1 月 28 日，哈马德·本·伊萨·哈利法（Hamad Bin Isa al-Khalifa）生于里法，是已故巴林埃米尔伊萨的长子。他从 6 岁起接受传统的阿拉伯—伊斯兰文化教育，对阿拉伯诗歌，特别是奈伯特与贝都因的诗歌产生浓厚兴趣。哈马德幼时还喜欢倾听伊斯兰历史上英雄的生动事迹，成为一名军人是他的梦想。1963 年，哈马德以优异的成绩完成初等教育。随后他于 1967 年就读于英国阿普尔加思公学、蒙斯军官学校以及美国陆军指挥和参谋学院。1968 年任国防部负责人。1969～1971 年任国民卫队司令。1970～1971 年任巴林国务委员会委员。1971 年任国防大臣。1964 年被立为王储。

哈马德精力充沛，兴趣广泛，投身于国防、文化、教育、体育、科技和卫生等各个领域。1974 年 6 月 26 日，哈马德被任命为哈利法家族委员会副主席。1975 年创立巴林青年和体育最高委员会，并任主席，后任武装部队总司令。1978 年 1 月，哈马德成立历史文献中心，专门收集、整理各国的历史文献和图片，定期汇编成册出版。哈马德重视科学技术在经济发展中的积极作用，1981 年，他建立并主持巴林科学研究中心。哈马德还是一个体育爱好者，热衷于游泳、骑马和射箭。从 1975 年起，哈马德就开始担任巴林青年和体育最高委员会主席。1977 年 6 月，哈马德还建立巴林埃米尔赛马场，并于 1978 年 9 月加入世界阿拉伯赛马协会。哈马德对飞机的兴趣始于童年，1977 年 10 月，他学习驾驶直升机，1978 年 1 月 14 日，通过考试成为一名飞机驾驶员。1979 年 1 月 30 日，哈马德加入了英国直升机俱乐部，成为该俱乐部一名永久成员。哈马德其他兴趣包括猎鹰、钓鱼、高尔夫球、网球和足球等体育运动。

哈马德治军有方，1968 年任国防部负责人，1969 年任巴林国民卫队司令。1971 年 8 月 15 日，哈马德改任国防大臣兼武装部队总司令，成为其父的得力助手。哈马德在军事方面主要采取了以下措施：一是鉴于巴林国内人才缺乏，军队初建时哈马德从国外（主要是约旦和巴基斯坦）招募人才。二是将巴林军队培育成具有陆、海、空三军协调作战体系的现代化作战部队。

1999 年 3 月 6 日，哈马德任巴林国埃米尔。2002 年 2 月，哈马德将巴林改为巴林王国，埃米尔改称国王。哈马德国王有很强大的军事背景，他逐渐将军队人员安插进政府。做王储时期，他曾与政府反对派进行过对话。作为统治者，他积极推进政治改革,与其叔父哈利法执政风格不同。

哈马德婚姻幸福。1968 年 10 月 9 日,哈马德举行大婚,王后是他的一个堂妹。目前哈马德膝下共有四子二女,长子萨勒曼·本·哈马德·哈利法生于 1969 年,次女阿卜杜拉生于 1975 年 6 月 30 日,三子哈利法生于 1977 年 6 月 4 日,四女纳吉拉公主生于 1981 年 5 月 20 日。最小的儿子费萨尔于 2006 年 1 月 13 日因车祸不幸丧生,年仅 15 岁。

萨勒曼·本·哈马德·哈利法 萨勒曼·本·哈马德·哈利法(Salman Bin Hamad al-Khalifa)生于 1969 年 10 月 21 日,是哈马德长子。1992 年 2 月 6 日在美国华盛顿大学获政治学学士学位,1994 年获英国剑桥大学历史哲学硕士学位。1995 年被任命为副国防大臣,1999 年 3 月 9 日被立为王储。同年 3 月 22 日被任命为巴林武装部队总司令。在国王哈马德或首相哈利法出国期间代任国王或代首相,并主持内阁工作。萨勒曼·本·哈马德·哈利法受到良好的西方教育,他主张开放的政治制度和自由化的经济体系。

五　政府首脑

埃米尔家族占据了国家内阁中最重要的职位。20 世纪 70 年代末,前埃米尔的兄弟哈利法·本·萨勒曼·哈利法(Khalifa Bin Salman Khalifa)担任首相职位;现任国王当时王储哈马德·本·伊萨(Hamad Bin Isa)兼任国防大臣;前埃米尔的堂兄穆哈马德·本·哈利法(Muhammad Bin Khalifa)和默罕默德·本·穆巴拉克(Muhammad Bin Mubarak)分别为内务大臣和外交大臣。他的另外两个堂兄阿卜杜·阿齐兹(Abd al-Aziz)和伊萨·

88

本·默罕默德（Isa Bin Muhammad）分别担任教育大臣和劳工与社会大臣。

20 世纪 80 年代，巴林的统治结构仍没有多大变化。哈利法家族的内部事务由一个委员会管理，其头目是哈利法家族的成员。该委员会由埃米尔主持，监督每月津贴和其他经济收益的分配，通过将津贴分发到各个家族，预防了内部的矛盾与家族内讧，防止统治集团分裂。巴林政府中的重要职位，包括内务大臣、国防大臣和外交大臣都控制在哈利法家族的手里。1997 年，巴林建立了与沙特阿拉伯相似的国民卫队，增加了警察和军队的数量，增强了统治家族的权威。

本届政府在 1971 年组成，后虽多次调整，但首相从未更换。2006 年 12 月，内阁再次进行调整。现内阁主要成员：首相哈利法·本·萨勒曼·哈利法（Khalifa Bin Salman al-Khalifa）、副首相穆罕默德·本·穆巴拉克·哈利法（Mohammed Bin Mubarak al-Khalifa）、副首相阿里·本·哈利法·哈利法（Ali Bin Khalifa al-Khalifa）、副首相加沃德·阿拉耶德（Jawad al Arrayed）、外交大臣哈立德·本·艾哈迈德·本·穆罕默德·哈利法（Khalid Bin Ahmed Bin Mohammed al-Khalifa）、内政大臣拉希德·本·阿卜杜拉·哈利法（Rashid Bin Abdullah al-Khalifa）、国防大臣哈利法·本·艾哈迈德·哈利法（Khalifa Bin Ahmed al-Khalifa）、财政大臣艾哈迈德·本·穆罕默德·哈利法（Ahmed Bin Mohammed al-Khalifa）。

哈利法·本·萨勒曼·哈利法 巴林首相、哈马德国王的叔父哈利法·本·萨勒曼·哈利法（Khalifa Bin Salman al-Khalifa），生于 1936 年。1957 年任教育委员会主席，1959 年任政府秘书长，1960年任财政大臣。1966～1970年主持国家行政委员会工作。1970年任国务委员会主席。1973年，被任命为首相。他是巴林政坛上极有影响的人物，主要负责管理国家日常行政事务。哈利法也是一个商人。尽管在对待政治反对派方面，他一直持强硬的态度，但他也公开支持哈马德埃米尔在2001年初发起的政治改革进程。2002年5月，他曾访问中国。

第二节　国家机构

一　劳工立法顾问委员会

1955年4月，巴林成立劳工立法顾问委员会，委员会的9名成员由埃米尔直接任命，其职责是对劳工法进行合理、准确的解释，维护劳工的基本权益。该委员会由前埃米尔的堂兄阿里·本·穆罕默德（Ali Bin Muhammad）负责，成员包括2个哈利法家族成员、1个英国顾问、3个当地石油企业代表，3个工人代表。

二　行政委员会

1956年3月，经由埃米尔颁布，巴林成立了行政委员会。委员会包括11位成员，即主席、哈利法家族的6名成员、劳工立法顾问委员会的英国顾问、3名商人。在随后的14年间，委员会的行政机构逐渐膨胀，扩大到21个部，级别相等，各部领导向埃米尔直接负责，最重要的部为劳工和社会事务部。根据1957年修改的劳工立法和1959年法律，委员会有批准建立劳工组织的权力。

20 世纪 60 年代中期，巴林政府对国内事务的控制范围日益扩大。1963 年 11 月 16 日，巴林统治者发起了第一次政府计划投资的社区发展项目。1964 年 7 月后，行政委员会颁布了"个人法"，委员会共有 12 名成员。1965 年 4 月 22 日，埃米尔颁布了 3 个法令，形成公共安全法案，这些法案授权统治者可以无限期的维持国家紧急状态。① 7 月末，巴林政府又对这些法令进行了补充。

三　最高人力资源委员会

19 75 年 7 月中旬，巴林通过全国劳工法，禁止劳工在国内罢工和集会。一周以后，法律正式颁布。随后，伊萨成立了最高人力资源委员会，其职责就是为卫生、商业、教育、发展和工业部提供"中央社会项目"。委员会宣布公司职员超过 200 人，必须通知劳工和社会事务部，接受非巴林籍职员必须获得该部门的同意。

四　国务委员会

19 70 年 1 月，巴林组成咨询性质的 12 人国务委员会代替行政委员会。国务委员会在两个方面不同于原行政委员会：第一，机构等级分明。11 个行政部门领导以及委员会的法律顾问向委员会的主席哈利法负责，而不对埃米尔直接负责。第二，以前的小部门被合并到大部门。警察和移民部合并成为新的综合安全部，财政、石油、住房、

---

① Emile A. Nakhleh, *Bahrain*, Lexington, Mass.：D. C. Heath, 1976, pp. 136 – 137.

关税和港口部合并成立财政和国家经济部。

国务委员会采取的第一项措施就是在 1971 年 1 月成立人力资源委员会，负责人力资源的培训与调拨。委员会成员来自财政和国家经济部、劳工和社会事务部以及教育、卫生、国防和综合安全等部门。委员会每两年召开一次会议，到 1973 年春天，这一机构实际上已经形同虚设，在实际生活中并没有起到什么作用。

第三节　立法与司法

一　立法

在 1972 年，巴林选出制宪议会，1973 年建立国民议会，后被解散。国民议会是巴林的立法机构，未经国民议会通过和埃米尔批准，不得颁布法律。依照选举法规定，国民议会议员按秘密投票方式直接选举产生。从第二届议会开始，选举的议员总额由 30 人增为 40 人。凡年满 30 岁、通晓阿拉伯语、履行过选民登记手续、未被勒令暂停行使选举权，原籍系巴林公民，都有资格当选议员。国民议会每年召开一次常会，会期不少于 8 个月。议会每届 4 年，任期届满的议员可重新当选。议会设议长、副议长、秘书各一人。宪法规定，国民议会议员不得干涉司法部门和行政部门工作。1973 年 12 月，巴林举行第一届国民议会会议，由 30 名当选议员与 14 名内阁成员组成，其中 21 名为民族主义左翼议员。他们提出了允许成立工会，将大公司收归国有等主张。议会对 1974 年 10 月颁布的《国家安全法》不予认可，这引起了哈利法家族的不满。1975 年，内阁全体成员被迫辞职。为此，埃米尔宣布无限期解散国民议会，并将左翼领袖逮捕，由内阁兼行立法权。

20 世纪 90 年代以来，巴林政治民主参与出现了扩大的迹象。1996 年末，协商委员会被授予讨论政府政策的权力。2001 年 2 月，在全民通过的《国家行动宪章》中，巴林成为一个拥有选举议会的君主立宪制国家。2002 年 2 月，哈马德国王颁布了新宪法取代 1973 年宪法，以两院制议会代替了30 人的一院制议会。上下两院各拥有 40 个成员，任期 4 年。依据新宪法规定，国王任命了协商委员会作为上议院，同时投票者直接选举下议院。下议院的议员有权对立法，以及颁布新法律提出计划与建议，但法律的颁布须经两议院赞同。如果任命的议院两次拒绝选举委员会的建议，委员会主席可以主持会议，联合投票表决。

1992 年 12 月，出于安抚民心的权宜之计，埃米尔宣布成立协商会议。会议为咨询机构，无立法权，没有任何实际权力。每届任期 4 年，可以连任。成员及主席均由埃米尔任命。埃米尔有权罢免成员并代之以新人，有权解散会议。在国家政治生活中，埃米尔以个人之力居中调停，平衡各派的争斗，力求政局的安定。

2000 年 12 月 16 日，埃米尔宣布将恢复关闭多年的议会。根据巴林新宪法的规定，2002 年 10 月，巴林成立两院制国民议会，协商会议由国王任命的 40 名议员组成；新任协商会议主席是阿里·本·萨利赫·萨利赫（Ali Bin Saleh al Saleh），众议长哈立德·本·艾哈迈德·道赫拉尼（Khalid Bin Ahmed al-Dhahrani）连任。

二　巴林法律体系的演进

法律体系是衡量文明社会的重要标志，巴林作为中东民族国家建构体系中地缘、社会与文明实体的重要一环，尽管面积不大，人口规模较小，但其法律体系却在海湾地区具有历史悠久、体系完备以及内容丰富的特点。巴林法律体系经历了三个历史阶段。

（一）教法学家主导下的巴林法律体系

巴林法律体系的历史源头可以追溯到 17 世纪。1631 年，萨法维王朝的阿拔斯一世在英国军队的帮助下，进攻海湾地区的葡萄牙军队。巴林民众害怕西方力量主导海湾地区政治格局，向萨法维王朝寻求保护。① 从此巴林处于萨法维王朝的影响之下，直到 1783 年哈利法家族统治巴林。

萨法维后期的统治者塔赫马斯普（Tahmasb）将什叶派作为统治巴林的意识形态基础，得到了巴林大多数人的认同。塔赫马斯普将阿拉伯世界一些知识渊博的什叶派教法学家齐聚波斯，研究伊斯兰法。其中伊拉克纳杰夫的教法学家易卜拉欣·卡提夫（Ibrahim al Qatifi）应塔赫马斯普之邀到波斯讲学，在返回伊拉克途中到巴林居住下来。他对巴林什叶派的宗教氛围很感兴趣，并在这里潜心研究伊斯兰法。这也是巴林历史上最早的教法学家。实际上，萨法维王朝通过教法学家的合法性将什叶派理念与思想传播到巴林。不过易卜拉欣·卡提夫也使得萨法维王朝放弃对巴林内部事务的干预，而让教法学家发挥相应影响，客观上促进了巴林伊斯兰法体

---

① A Faroughy, *The Bahrain Islands*（750 – 1951），New York，1951，p. 64.

系的发展。

据史料记载教法学家对巴林的影响从司法领域扩展到行政领域，他们在政府中任职，在某种程度上表现出摆脱波斯影响的倾向。如萨法维王朝苏莱曼统治期间，卡尔扎卡尼（Karzakani）拒绝接受波斯国王赠予的长袍法衣。阿里·本·萨勒曼（Ali bin Salman）制止统治者的残暴行为，严惩贪污腐败的官员。哈希姆·阿拉玛（Hashim al Allama）对统治者要求十分严格。这些教法学家不仅处理宗教事务，而且干预行政事务。教法学家在立法与执行法律过程中，可以根据罪犯的犯罪轻重，作出相应的处罚。①

教法学家是民众效仿的榜样。按照什叶派教法学说的规定，每一个民众有义务模仿教法学家的行为，被称为"穆卡拉德（muqullad）"。这就要求教法学家品德高尚，熟知《古兰经》与圣训（Sunna）。教法学家通过写论文证明自己的能力，论文包括三部分：第一部分教法学家论述如何让祈祷者、斋戒者以及施舍者敬仰真主；第二部分教法学家对民事商业合同、合同原则、商业公司的管理提出自己的见解；第三部分教法学家对刑事犯罪的立案、惩罚以及证据收集提出自己的看法。

教法学家主导巴林法律体系以及行政事务的做法一直持续到哈利法家族统治巴林，在此期间波斯并没有干涉巴林政治与法律。其原因有三：

一是波斯萨法维王朝有尊敬教法学家的宗教文化传统，

---

① Hassan Ali Radhi, *Judiciary and Arbitration in Bahtain: A Historical and Analytical Study*, Kluwer Law International, 2003, p. 6.

使巴林教法学家在民众拥有了权威的合法性。自从易卜拉欣·卡提夫到达巴林后，因其朋友阿里·卡尔基（Ali Karki）是萨法维王朝的伊玛目，波斯对巴林保持友善的态度。教法学家给巴林带来了和平环境以及稳定有序的社会秩序，因而在巴林民众享有较高的威望。另外，阿拔斯一世时期与奥斯曼帝国不断进行战争，没有时间理会巴林国内事务，容忍教法学家对巴林的治理格局。

二是巴林教法学家的什叶派立场与属性。巴林一直被认为是波斯什叶派知识分子的中心，波斯教法学家在某些宗教事务上经常向巴林教法学家请教。据史料记载，伊斯法罕的教法学家遇到疑问一般都派人到巴林请教。

三是巴林国内缺乏资源与财富，波斯对其内部事务不感兴趣。直到 20 世纪 30 年代发现石油以前，巴林除了勉强糊口的农业外，其境内没有任何值得羡慕的东西。珍珠业一般并不在巴林本土，波斯人对珍珠热衷的行动表现在争夺海上的珍珠床与水道，对干涉巴林政治与法律事务无任何兴趣。正如历史学家法拉克·奥马尔（Faroq Omar）所说："波斯人对独立倾向的阿拉伯领土并不感兴趣，感兴趣的是波斯军队驻海湾沿岸的司令部。"①

（二）英国控制下的巴林法律体系

1782 年，乌特班（Utub）部族的哈利法家族打败波斯派遣的统治者纳斯尔·本·马德库拉（Nasr Bin Madlkur），成为巴林的实际统治者。哈利法家族到达之时，也是英国势力向海湾渗透时期，巴林的社会结构也在潜移默化地发生变化。

---

① Faroq Omar, *Arabian Gulf in the Islamic World*, Dubai, 1983, p. 336.

一是部族制度的至高无上。乌特班部族到达巴林后，其部族盟友以及奴隶随从大都移居巴林。这些部族不仅改变了巴林岛的人口构成，而且带来了崭新的部族经济生活方式、社会习俗惯例与部族管理制度。部族首领在所有部族参加的会议上处理部族事务，解决部族内部的争议。会议还可以制定法律，在部族中享有至高无上的权力，拥有行政司法权。

二是人口结构的变化。哈利法家族统治巴林的过程，也是英国殖民者向巴林渗透的过程。从南亚、波斯湾以及阿拉伯半岛内陆来的移民迅速涌入巴林，巴林人口的构成发生变化。巴林人口的单一性被打破，人们的信仰、语言、文化传统五花八门。18 世纪末，巴林城市中商人逐渐增多，市民社会逐渐形成。

三是外部力量的冲击。从 17 世纪起，英国就对整个海湾地区产生浓厚兴趣。随着 1798 年法国占领埃及，英国更感觉到控制海湾的实在意义。正如克里（J. B. Kelly）所说："在这关键时期，海湾地区纯商业的利益已经被新的政治战略考量所替代。"[1] 1798 年，英国与马斯喀特统治者签署条约，此后，包括巴林在内的海湾地区处于英国的势力范围之内。

从以上因素可以看出，巴林国内存在着哈利法家族、英国代理人、多元化的社会混合成分以及外部力量，这些力量单元之间进行角逐，特别是哈利法部族力量与英国在司法权上的博弈。1919 年 2 月 3 日，英国政府实施了"巴林秩序理事会（Bahrain Order in Council）"法案，按照该法案英国控

---

① J. B. Kelly, *Eastern Arabian Frontiers*, London, 1964, p. 57.

制了巴林的法律体系，负责管理巴林的社会秩序。该法案制定了治理法院的规则，以及司法裁判权的组成。法院包括以下六类：即首席法院（Chief court）、地区法院（District court）、联合法院（Joint court）、习惯法法院（The Majlis Urfi）、传统法院（Salifah court）与宗教（Qadi）法院。

首席法院法官由海湾地区的英国政治代理人组成，负责处理重大刑事案件，审查地区法院处理过的可疑案件，对巴林的外国人享有司法执行权。

地区法院的法官来自巴林地区的政治精英，主要处理民事与刑事案件，但必须经过首席法院的审查。地区法院有权审查习惯法法院、珍珠法院与宗教法院的案件。

联合法院处理巴林人与外国人之间的纠纷。

习惯法法院处理民事案件，其法官至少有四人须经过巴林酋长认可。该法院在巴林商业纠纷中起到很大作用。

传统法院法官由巴林酋长任命，熟悉海洋法习俗，主要处理珍珠相关案件。

宗教法院主要任命教法学家，教法学家在古代法律体系中地位很高，但到现代其作用成为咨询伊斯兰法的对象。

20世纪20年代，海湾地区民族主义运动逐渐兴起，英国人意识到重视阿拉伯人的民族性与伊斯兰教的重要意义。为此，英国驻巴林代表积极构建地方政府机构。在这种背景下，巴林的法律机构也成立起来。1922年2月16日，哈马德酋长成立巴林地方法院，即哈马德法院。1926年，巴林建立兼管民事和刑事审判的法院。1927年，巴林成立小法院，处理较轻的民事案件。巴林还设有处理珍珠商人的习惯法院。1937年，巴林设立了高级法院，处理上诉民事和刑事案件。

1956 年，巴林通过第一部刑法。1957 年，通过劳动法。但在英国顾问的干预下，这些并没有发挥多大的作用。

（三）现代法律体系的形成

1971 年，巴林实现独立，随后成为阿拉伯联盟的成员。1973 年，巴林颁布了宪法。宪法规定："巴林是一个享有完全主权的伊斯兰国家，其人民是阿拉伯人民的一部分，其土地是大阿拉伯民族的一部分。"

巴林司法是根据西方民法，结合伊斯兰教法——沙里亚——形成的制度。宪法规定，巴林司法机关在审判工作中保持独立性。法官在审理案件时，不受任何外部力量干涉。宪法宣称法律的荣誉以及法官的清廉公正为治国之本，并为权利与自由之保障。为了健全法制，1971 年巴林制定了《法院法》，改组全国法院系统，成立各级法院，并规定其职能和管辖权。民事诉讼法院除了设有初级法院、高级法院、最高上诉法院（对刑事案件与商业纠纷均拥有司法权）外，还设有审理武装部队和公安部队人员的军事法院。根据巴林教派结构的特征以及沙里亚法院的制度，巴林分别设立了逊尼派法院和什叶派法院。巴林还成立最高司法委员会，监督法院与有关官员的活动，对法院和检察院拥有管辖权。

民事法院是法律体系的权威与主体，分为两个部分：民事与商业司法、刑事管辖权。司法机构包括：法院法官、司法部、律师、法学专家、公诉人、最高司法委员会、法院行政与文秘人员等。

巴林在法律领域实行了"法律阿拉伯化"的政策，即巴林法律与阿拉伯国家的法律保持一致。阿拉伯各国法律受到埃及的法律制度的影响，因此巴林在制定法律时也聘请埃及的法律顾问帮助草拟法条。1996 年，埃及法律顾问在巴林立法委员会成员中占到 1/2。1999 年的巴林法院的 14 名法官中，埃及法官有 12 名。1998 年末，巴林成立上诉法院，7 名法官中有 5 名是埃及人。此外，埃及律师也在巴林律师总人数中占有较大的份额。① 埃及人在立法与司法领域的影响推动巴林采用埃及的立法与司法体系。但埃及学者制定埃及现代法律体系主要以法国法律制度为蓝本，而法国法律制度是罗马—德国法律制度的一部分。由此可以得出：巴林法律体系也带有罗马—德国法律体系的特点。

---

① Hassan Ali Radhi, *Judiciary and Arbitration in Bahtain: A Historical and Analytical Study*, Kluwer Law International, 2003, p. 77.

第四章

经　济

第一节　概述

一　多样化的经济发展格局

与其他海湾国家相比，巴林石油和天然气资源储量有限，经济自给能力不强，为此独立后的巴林政府采取多项措施，积极构建多元化的经济发展格局。

第一，巴林工业投资重点由与石油相关的工业扩展到钢铁、铝等重工业，成为海湾地区较早拥有重工业的国家。1968年，巴林铝厂建立，1971年投入生产。

第二，巴林成为海湾地区银行、交通和通信中心。巴林既是世界银行系统中遐迩闻名的一个重要环节，又是海湾通信网的中心。1975年，巴林金融当局向海外银行团开放金融市场后，银行业迅速发展。巴林现在已经是国际银行业的中心之一。麦纳麦离岸银行的繁荣也带动了住宿、信息技术、通信和娱乐等一系列服务业的发展，这些服务业的发展又促进了银行业的高度发展。1969年，巴林建成中东地区第一个地面卫星接收站，标志着巴林进入信息化时代。

第三，巴林还积极投资建设现代化的农场，这不仅可以为当地农贸市场供应更多农产品，也是国内工业部门发展的需要。

第四，巴林公共投资逐渐增加。20世纪70年代和80年代前半期，巴林政府集中于基础设施项目的投资，建立了合资或者私人投资的重工业。但是，公共投资并没有保持增长的态势，从1984年的2.1亿巴林第纳尔（合5.59亿美元）降到1997～1999年的1.4亿巴林第纳尔。1999年，哈马德埃米尔上台以后，继续执行老埃米尔的经济多样化政策，并采取了多项有效的经济措施，增加资金救济贫苦群体和改善投资环境，公共投资从2002年的2.28亿巴林第纳尔增加到2003年2.59亿巴林第纳尔。资金大部分都投入到电力、水利、道路和住房等基础设施建设项目。

第五，在保证本国支柱产业继续发展的同时，巴林政府还努力改善本国的就业状况，推进经济稳步发展。2002～2006年，巴林政府投资43亿美元，用于建筑、公路、桥梁、机场、港口等基础设施以及污水排放、水电扩容等项目，扩大就业渠道。

第六，巴林构建以石油冶炼、船只修理、金融业为基础的经济格局，服务业与相对多元化的工业为巴林两大支柱产业。油气业在巴林国民生产总值中的比例由1980年的44.45%下降到2005年的11.1%。在同一时间里，银行保险等金融服务业增长迅速，从1.9%上升到27.6%。目前有360多家地区与国际金融服务机构在巴林设立办事处，各国银行在巴林总资产达869亿多美元。

巴林经济发展在海湾地区处于中上等水平。2007年人均国内生产总值达2.3万美元。巴林农业、工业、服务业产值占国内生产总值的比例分别为 0.4%、39.6% 和 60%。[①] 根据联合国工业发展组织发布的 2002/2003 年关于工业化发展水平发展报告，巴林在被调查的 87 个国家中，工业化发展水平名列第 42，在被调查的阿拉伯国家中居首位。

二 巴林化的经济发展战略

巴林化是巴林经济发展战略的重要组成部分之一，是促使巴林企业雇佣巴林籍工人达到最大化的制度。为达到这一目的，巴林采取一系列措施。

第一，劳工与社会事务部拒绝为外籍劳工发放"免费签证"。拥有这一证件的外籍劳工才有资格被雇佣，但是签证到期，如不续签，则面临着被驱逐的危险。

第二，巴林政府增加签证的费用，限制外籍劳工的工作职位。

第三，巴林政府出资成立培训学校，打造巴林本土劳动力，提高其劳动技能。1996 年，巴林成立了就业中心——雇佣服务局。2001 年，巴林政府拨款 2500 万第纳尔用于职业技能的培训。巴林政府尽可能给巴林人创造了一些工作机会，职业范围包括：重型车辆驾驶、政府部门的办公室信息管理工作、文书工作、花园清理工作。

第四，政府设定硬性指标，强制执行。巴林内阁在 2003 年通过决议：大型零售市场、家具行、旅行社、售车行 4 行业须逐步实现员工 100% 本土化，至迟在 2005 年底前完成。

巴林化的劳动力资源政策虽减少了对外籍劳工的依赖，

---

① EIU, Country Forecast-Bahrain, May, 2007.

但是也引起了商业集团的强烈抵制。由于巴林政府已经培育了成熟的商业运行环境和机制，巴林化对劳动力市场几乎没有产生多大影响，外籍工人有增无减。2004 年数据显示，外国国民占巴林劳动力的 64%（不包括安全和军事部队），而1990 年为 60%。在私有部门，2004 年非巴林劳动力的比例高达 72%，而 2000 年为 68%。

三　经济体系中的私有化

巴林经济私有化的主要原因是政府财政紧张。巴林经济结构比其他海湾国家更具多元化的特点，但因为税款的缺乏，石油收入仍然是政府的主体财政来源。2003 年，巴林石油收入为 11 亿第纳尔，超过了 7.97 亿第纳尔的预算。2004 年，政府预算赤字 3.83 亿第纳尔。沙特阿拉伯、阿联酋和科威特等阿拉伯地区强国害怕巴林的财政紧缩政策引起社会秩序的混乱，并蔓延到其他什叶派国家。因此，通过软贷款（借款国可用本国软货币偿还）支持巴林经济，但提供援助的标准并不固定。此外，巴林政局的开放与稳定为外商提供了稳定的投资环境。

为了推进私有化，扩大就业，巴林政府成立了经济发展委员会和开发银行两个机构。经济发展委员会原主席是巴林首相，2002 年后由萨勒曼王储担任主席，主要向外国投资者提供政策咨询。开发银行成立于 1992 年，为巴林的私有化制度推波助澜。哈马德上台后，加快了巴林经济私有化进程，政府鼓励私人企业在巴林经济中发挥更大作用，为社会创造更多的就业机会。为此，巴林政府取消了进口垄断权，鼓励私人企业积极上市。巴林被认为是中东地区自由度很高的经济体之一。

2003 年底，巴林政府将 1961 年开始运营的萨勒曼港口和哈利法港口作为私有企业上市。2005 年 10 月，巴林政府同海湾建设公司就巴林工业港扩建工程签订合同，价值近 16 亿美元。巴林出让土地使用权，由海湾建设公司出资兴建，扩建后的巴林工业港由海湾建设公司使用 75 年，之后归巴林政府。2006 年 1 月，巴林政府将"哈德"发电厂以 19.62 亿美元的价格出售给英国、法国和日本三国公司构成的联合体，巴林政府有关部门在 6 个月内将让渡电站产权。2006 年 12 月，美国家用纺织品大鳄西点家纺公司拟出资 2 亿美元购买麦纳麦纺织厂属下的 3 个加工厂。

四 21 世纪以来的经济发展概况

21 世纪后世界油价一直在提升。巨额的石油收入使巴林 GDP 增长较快。2001 年，油价增长 4.6%，2002 年为 5.1%，2003 年为 6.8%。在 2000 ~ 2004 年期间，巴林国内生产总值平均增长率为 5.2%，2004 年的国内生产总值比上年增长 5.6%。

巴林政府并不公开其国内生产总值的具体情况和真实数据，经济评估较为困难。一些专家通过评估得出一些大体可信的结论，2003 年，服务业占国内生产总值的 2/3，1980 年为 39%。1975 ~ 1990 年黎巴嫩内战后，巴林代替黎巴嫩成为中东金融中心。2003 年，金融部门的收入占国民收入的 19.2%，而碳氢部门占 15.7%，前者代替后者成为 GDP 增长的主导力量。

巴林政府在促进金融业发展的同时，也积极推动巴林旅游业的发展。相对开放的旅游氛围以及对酒类、娱乐项目不加限制等政策，使得巴林旅游业十分兴盛。但是，旅游业也受到了油价上涨、中东地区的紧张局势、国内政治暴乱以及恐怖主义蔓延等因素的影响。20世纪90年代以来，巴林服务业由于受这些因素的影响和制约，对国内生产总值的贡献率有所下降。2003年，制造业占GDP的12%，农业的贡献是最少的。

巴林政府通过商业补贴以及国家定价等宏观调控政策保持商品价格和汇率的稳定，这有助于将通货膨胀降低到最低程度。巴林货币管理局（BMA）实行紧缩的金融政策，致力于将汇率维持在0.376巴林第纳尔比1美元的水平。20世纪80和90年代，巴林的通货膨胀率一直保持很低的态势，消费价格指数从来没有突破3%，而且一直处于下降状态。但是，巴林的邻国，如沙特阿拉伯等国汇率的不稳定也会造成巴林货币贬值，带来通货膨胀。

多年来，巴林政府的政策目标定位一直集中在：（1）通过发展中小型企业，实现经济结构和国民收入多元化。（2）排解排除外来公司投资过程中的障碍。（3）鼓励服务业与商业的发展。（4）发展离岸银行和旅游业。（5）鼓励私人企业为国家经济发展作贡献。

世界经济论坛发布的《巴林王国与世界：2025年设想》报告指出，在过去的30年，巴林利用其有限的原油和天然气所创造的财富，改变了以油气为主的经济发展模式，实现了经济多元化结构。伴随着金融中心的建立，工业、制造业及服务业的发展创造了可观的财富，巴林成功地将自身定位为具有前瞻性的国家。但报告认为，随着自然资源的减少和由此带来公民收入的下降，巴林经济必须完全转型成为具有强大和充满活力的私有经济部门，成为中产阶级群体的知识经济国家，这将是巴林经济可持续发展和保持繁荣的根本保证。

表4－1 2005年主要经济指标

实际GDP 增长率(%)	消费价格的通 货膨胀率(%)	经常项目差额 (亿美元)	汇率 (第纳尔∶美元)	外 债 (亿美元)	人口 (万人)
5.9	2.7	14	0.38∶1	68	70

资料来源："Country Profile 2006：Bahrain"，*Economist Intelligence Unit.*

表4－2 2004年巴林与海湾国家经济指标对比

	巴 林	卡塔尔	科威特	阿联酋	阿 曼
GDP(亿美元)	100	236	489	897	240
人均GDP(美元)	13590	31742	18723	20658	8929
消费价格的通货膨胀(%)	2.2	4.0	2.3	3.2	0.2
经常项目平衡(亿美元)	3	86	124	146	30
经常项目平衡(GDP的百分比)	3.2	36.3	25.3	16.3	12.6
进口商品(亿美元)	－61	－52	－111	－480	－69
出口商品(亿美元)	84	175	277	750	143
外债(亿美元)	63	181	150	229	48
偿债率百分比	6.1	107	32	15	88

资料来源："Country Profile 2005：Bahrain"，*Economist Intelligence Unit.*

表4－3 1999~2003年巴林国内生产总值（市场价）

年 份	1999	2000	2001	2002	2003
合计(万美元) 市场价格	684300	846400	793500	768300	874700
合计(万巴林第纳尔)					
市场价格	257300	318200	298300	288900	328900
不变价格(1989年)	247200	260200	272300	286500	305900
变化率(%)	4.3	5.3	4.6	5.2	6.8
人均(巴林第纳尔)					
市场价格	3898	4680	4324	4069	4568
不变价格(1989年)	3746	3827	3947	4035	4248
变化率(%)	1.2	2.2	3.1	2.2	5.3

资料来源："Country Profile 2005：Bahrain"，*Economist Intelligence Unit.*

表 4 - 4　1999 ~ 2003 年巴林经济各部门产值

（万巴林第纳尔，1989 年不变价格）

年　份	1999	2000	2001	2002	2003
石油部门					
原油和天然气	41700	46400	46800	47400	47900
非石油部门					
金融	43100	49500	44600	45400	58800
政府	27800	28100	28700	29000	29500
教育	8300	9000	10300	12600	14300
健康	5000	5100	5400	5700	6400
制造业	30400	31100	33200	35100	36300
贸易	32400	33200	34800	38900	39300
旅馆餐饮	5500	5800	6400	6500	6400
房地产与商业活动	21800	23200	24700	26300	27800
交通与通信	19400	20600	23200	24900	25700
建筑	9800	9900	10900	12100	12500
社会和个人服务	6000	6200	6300	7000	7400
水电	5100	5300	5800	6200	6800
农业和渔业	2300	2400	2200	2100	2300
采石场	200	200	300	300	400
进口关税	5300	5200	5400	4400	4500
估算服务费用	− 16700	− 21000	− 16600	− 17400	− 20400
总　　数	247400	260200	272300	286500	305900

资料来源："Country Profile 2005：Bahrain"，*Economist Intelligence Unit.*

第二节　农牧渔业

一　概况

巴林农业基础比较薄弱，资源有限，技术相对落后，投入也不多，因此农业发展缓慢。2004 年数据显示，巴林农业包括养殖业、海洋捕捞业以及少量的大棚蔬菜、椰枣种植等。农业产值占 GDP、农业人口占总就业人口的比例均不足 1%，农产品主要依赖进口。

巴林全国可耕地面积 5880 公顷，约占国土总面积的 9%，实际种植面积 3780 公顷。20 世纪 60 年代以前，从事农业的人口不足 7000 人。粮食主要靠进口，主要农产品有水果、蔬菜、家禽、海产品等。20 世纪 60 年代中期，巴林经济出现衰退的迹象，当时农业和渔业仍处于重要地位。以前种植海枣的大片土地转向了蔬菜种植，巴林本土劳工成为农业工人。1965 年后，阿曼国内过剩的劳工大规模涌入巴林，成为农业工人的补充力量。巴林岛屿上的主要农作物是柑橘类水果、谷类和饲料作物，特别是紫花苜蓿。

20 世纪 60 年代，巴林农业生产不稳定。其原因有四个。

其一，巴林地下水资源有限，过度灌溉导致地下水位下降，土壤盐碱化严重，农业部门趋向于衰败。

其二，巴林国内乡村地区经济的增长，引起房地产价格的暴涨。随着麦纳麦城市化向西南地区的扩展，许多农业用地被出售用于商业和住宅用地。

其三，大规模商业养殖和人工珍珠培育的开展，传统渔业和珍珠业日益衰落。其结果导致了干椰枣（捕鱼者和珍珠寻找者的食物）、棕榈须根（用来编织船用的绳子）、棕榈分支（修建捕鱼陷阱的专用材料）价格大跌，从而迫使当地农民从椰枣树种植转向蔬菜和水果种植的结构性改变。

其四，巴林不加限制的贸易政策也鼓励了当地商人从中东和南亚地区进口蔬菜和水果。国外的这些物品实际上价格很低，国内的水果在竞争中处于劣势。对于本土农民来说，农业收益变得很少，几乎无利可图。生产用地的收入也入不敷出，这些土地逐渐成为富有城镇人口的住宅地或地产。1967年3月，巴林政府开始对进口的土豆、大白菜和花椰菜征进口税，以保护本地农业的健康发展。

20世纪60年代，巴林成立渔业公司。英国的罗斯（Ross）财团，拥有该公司40%的股份，共有1200个巴林本地股东。1966年秋，罗斯公司正式营业，8艘装备了现代化设备的捕虾船在海湾北部地区进行捕捞。罗斯公司在乌姆哈桑（Umm al-Hassam）地区将海产品进行加工处理后装船运到欧洲、日本和美国市场。1967~1968年，渔业公司在捕获季节获益5.5万巴林第纳尔（相当于1.45万美元），弥补了前几年几乎6万巴林第纳尔（相当于1.58万美元）的损失。[①] 捕虾劳工主要是来自阿联酋和阿曼的移民。

20世纪70年代初期，农业和渔业开始衰落。1974~1975年的农业调查显示，巴林可耕地有6000多公顷，农业用地仅有3700公顷。在这些土地中，60%的土地由拥有者短期租赁，承租人主要是非巴林籍的外来人口。

1975年后，巴林岛上的银行业和其他服务业逐渐扩大，食品需求的增加也为本国农业生产提供了刺激因素。1976~1979年，巴林蔬菜的种植面积增加了12.5%。西红柿、大白菜和马铃薯的产量分别增加了70%、11%和200%。1971年，巴林引进机械化农具后，农作物的产量增加，椰枣由20世纪

---

① Fred H. Lawson, *Bahrain: The Modernization of Autocracy*, Westview Press, London, 1989, p. 99.

70 年代初的 1.5 万吨增加到 1976 年的 3 万吨，1977 年的 3.8 万吨。[①] 巴林政府引进了补贴制度，对本国农业进行补贴，缓和地方市场大米、蔗糖、面粉等食品价格过高的紧张局面。

由于本土农业还没有能力为巴林消费市场提供充足的产品，巴林政府开始大规模进口农产品。1975~1977 年间，巴林进口的农产品数量翻了一番。到 1981 年，烹饪食用油的进口量比以前增加了 6 倍，进口的鱼产品增加了 3 倍。

尽管农业并没有为巴林经济提供多大的动力，但巴林政府一直很重视农业和渔业。巴林政府的农业部门重视本地蔬菜、水果和家禽的生产，要求改进国家的灌溉和排水系统。1982 年，巴林政府向农民提供 40%~50% 的补助金用于购买种子、肥料和农业机械，此外还向农民提供低息贷款，用于修建农庄和供给农业劳动力的工资费用。到 1985 年，这些农民生产的蔬菜和水果可以满足巴林国内需求的 28% 和 12%。同一年，巴林成立了国家每日公司（National daily company）为消费者提供牛奶供应。联合国为巴林制定了全面的经济发展项目，包括建造鱼类孵卵所、改进灌溉设备等。

20 世纪 70 年代，海湾地区的水污染严重，巴林的捕鱼业受到影响。1984 年，穆哈拉格地区开放了新渔港。1993 年，巴林政府投放了大量的鱼苗。1999 年，锡特拉地区开始

[①] Fred H. Lawson, *Bahrain: The Modernization of Autocracy*, Westview Press, London, 1989, pp. 108 – 109.

恢复捕渔业。巴林人均鱼类消费大约 25 公斤/年，位居世界前列。农业和渔业的产值在 2003 年为 2250 万巴林第纳尔（5980 万美元），仅占 GDP 的 1%。

巴林进口农产品中，肉类多来自印度、巴基斯坦、新西兰等国；禽蛋多来自沙特阿拉伯、印度等国；奶产品来自沙特等国；蔬菜主要来自约旦、叙利亚、埃及等国；水果主要来自黎巴嫩、叙利亚、埃及、东南亚；米、面粉主要来自印度、巴基斯坦、泰国等国。

表 4-5   巴林主要农产品进口情况（2001 年）

商品名称	进口数量（吨）	进口金额（万美元）	商品名称	进口数量（吨）	进口金额（万美元）
鸡肉及杂碎	20375	2512.9	蛋 类	5165	488.6
牛肉及杂碎	4733	874.3	蜂 蜜	146	52.7
活绵羊	3831	758.8	奶	22565	3037.5
活山羊	11307	408.9	奶制品	13034	2787.1
羊肉及杂碎	1684	430.7	蔬 菜	86121	4093.5
猪肉及杂碎	238	88.9	水果及坚果	107209	5579.1
鱼 类	2185	350.1	花 卉	244	168.8
虾 类	157	73.8			

二   巴林对农产品进口采取的关税及非关税措施

巴林农业关税税率主要分为免税、5%、100% 和 125% 四种。其中，蔬菜、水果、鱼类、肉类等免税进口，烟草及烟草制品、酒类则分别征收 100% 和 125% 的进口关税。

三 禁止进出口的农产品

巴林是 WTO 成员，对农产品进口无国别歧视和数量限制。但下列情况例外：

（1）不得进口产于以色列的商品。

（2）根据阿拉伯国家联盟的自由贸易协定，自 1998 年起，阿拉伯国家联盟成员生产的产品进入巴林市场可享受 10% 的关税减让。减让水平每年增加 10%，预计 10 年内实现免关税进口。

（3）沙特阿拉伯、科威特、阿联酋、阿曼、卡塔尔生产的商品在获得海湾合作委员会出具的原产地证书后，可免税进口到巴林。

（4）根据巴林与约旦、叙利亚、突尼斯签署的双边协定，上述国家生产的产品可免税进入巴林。

（5）巴林禁止进口以下商品：

序号	海关编码	商品名称	禁止理由
1	01031000	活猪	宗教
2	01039100	50 公斤以下活猪	宗教
3	01039200	50 公斤以上活猪	宗教
4	01060092	巴基斯坦鹌	保护本地环境与鸟类
5	09082000	肉豆蔻衣	药品与麻醉品
6	12079100	罂粟籽	药品与麻醉品
7	12079910	罂粟	药品与麻醉品
8	12079920	大麻籽	药品与麻醉品
9	13021100	鸦片液	药品与麻醉品
10	13021910	印度大麻液及其提炼物	药品与麻醉品
11	17049090	香烟形状的糖果	药品与麻醉品

（6）巴林限制进口以下商品：

序号	海关编码	商品名称	进口要求
1	0101	马	赛马俱乐部许可、农业部检疫证明
2	0101	驴、骡	检疫证明
3	0102/0103 0104/0105	活猪以外的活动物	检疫证明
4	01060099	马戏团用的危险野生动物	内政部许可、检疫证明
5	04070019	食用蛋	原产国印戳
6	0511	牛精液,非食用鱼、蛋等	检疫证明

第三节　工业

一　石油工业

1933 年，巴林发现石油后，美、英石油公司控制了巴林石油的勘探、开采、提炼、运输、销售权。20 世纪 40 年代中期，巴林除了在阿瓦利省东部海岸进行石油提炼外，还从沙特阿拉伯进口石油。从 1959～1963 年，巴林石油产量一直处于稳定状态。到 1964 年，巴林石油公司（BAPCO）在阿瓦利地区开采出 3. 15 亿桶原油。1964 年，巴林石油收入占政府年财政收入的 75%，为巴林第一大收入。第二大收入为关税，仅占 15%。①

独立后的巴林政府实行石油国有化政策，从美英石油公

---

① Ali Khalifa al-Kuwari, *Oil Revenues in the Gulf Emirates*, Boulder, Colo. : Westview Press, 1978, pp. 76 - 90.

司手中收回石油所有权。20 世纪 70 年代，国际油价大幅上涨，巴林石油收入迅速增加。巴林政府利用巨额的石油收入，促进基础设施建设，因地制宜地发展工业，推进经济快速发展。1974 年，巴林石油公司投资 1.2 亿美元，扩大阿瓦利和锡特拉地区的石油生产、提炼和装载量。1974 年 9 月中旬，巴林石油在美国加利福尼亚标准石油公司获得了 60% 的份额。1976 年 2 月，巴林埃米尔发布法令，成立国家石油公司，进行勘探、提炼、储存运输以及本地石油生产市场化的活动。巴林国家公司控制了巴林石油生产 60% 的份额，大约有 2.56 亿美元。

1980 年 9 月两伊战争爆发后，受战争影响巴林石油产量由 1970 年的 7.6 万桶/日降到 1983 年的 4.2 万桶/日。[①] 1977年，巴林颁布《免税公司法》，规定外国公司到巴林投资不受当地法令约束。20 世纪 80 年代后，国际油价下跌，石油收入锐减。由于资金短缺，巴林政府被迫将四年计划（1982 ~ 1985）改为六年计划，延期到 1987 年完成。六年计划的主要目标是实现经济来源多样化，大力发展金融业，实行开放的经济交往战略。

1999 年末，巴林政府将巴林国家石油公司（BANOCO）与巴林石油公司（BAPCO）合并。巴林石油公司负责所有的石油开采、销售活动，并开发阿瓦利油田，管理锡特拉的炼油厂。2001 年，巴林政府招标马来西亚和美国公司在巴林东南部地区进行石油和天然气的开发。同年 3 月，国际法院将

---

① 吴寄南：《巴林的经济开发战略》，《阿拉伯世界研究》1985 年第 2 期，第 40 页。

该地区的主权判决给巴林。美国公司迄今为止还没有发现商业用油。2002年末，巴林石油公司计划花费15亿美元与外国公司建立新石化工厂，制造乙烯和丙烯的石脑油裂解。2004年末，科威特在巴林投资13亿美元开发石化、能源和水利项目。

巴林的石油储备量比海湾其他国家都少。2006年，巴林已探明石油储量2200万吨，当年石油产量为1308.5万桶，日均产35849桶。据国际能源机构估计，巴林的石油总量在1.25亿桶。据美国《油气杂志》数据显示，截至2007年1月1日，巴林石油剩余探明储量还有1706.3万吨。

巴林的地缘优势、政治和社会稳定以及良好的投资环境，为全球能源运营商投资提供了便利条件。2007年3月12日，哈利法首相在第15届中东石油天然气展会的开幕式上鼓励国外企业对巴林的油气勘探和开发进行市场投资。巴林政府正以加大油气的勘探、增加油气产量为动力，实现增加财政收入、提高人民生活水平、扩大就业的战略目标。

为发展石油业，巴林政府采取了一系列新举措。2007年2月28日，巴林油气大臣阿卜杜拉·侯赛因·米尔扎博士授权巴林石油公司总裁与3家本地区的石油公司签订了有关巴林石油公司新建储油和出口设施可行性研究的谅解备忘录，为期两个月的研究报告证实了新建设施具有可行性，巴林石油公司投资9500万美元，在锡特拉地区的出口码头新建50万立方米的储油和出口的设施，以进一步实现该公司多元化经营的战略，预计可为当地人新增60个就业岗位。

参与进行可行性研究的3家公司是科威特的独立石油集团（Independent Petroleum Grouping）、阿联酋的迪拜国家石油公司独资子公司地平线储油公司（Enoc/Horizon Terminala）及阿拉伯石油输出国组织（OAPEC）的阿拉伯石油投资公司（Arab Petroleum Investments Corp）。2007 年巴林政府出台两项海陆油气开发和再利用的政策，第一项政策通过招标对巴林海域内 4 个区块进行勘探，这是巴林首度进行海上石油勘探，这一轮海上油气勘探区块招标的截止日期为 2007 年 9 月 17 日。有关区域和技术参数等资料已准备就绪，已有 18 家全球主要油气公司参与竞标，每口油井的开采费用为 1000 万~1500 万美元；第二项政策是通过招标对巴林的陆上油田进行开发和再利用。一是增加油井数量，在 2007/2008 年度，分别新增油井 63 口，其中，竖井 48 口、水平井 15 口，使总量达到 700 口，天然气日增产量将达 1400 万立方米，以满足国内电力生产和其他项目所需，还计划在 2015 年前再增加 700 口开发井来维持和增加产量。二是采用当今最先进的开采技术提高已开发油井的产量。2007 年 3 月 13 日，巴林石油公司与科威特布尔甘（Burgan）钻井公司签订了 3300 万美元的石油开采合同。据此，科威特的布尔甘钻井公司于 2007 年 4 月和 8 月在巴林分别开采 48 口竖井和 22 口水平井。此外，巴林与卡塔尔和伊朗商谈进口天然气的相关事宜，进口量为 100 亿~200 亿立方米。巴林利用其相对自由化的社会和经济标准吸引国外投资，以求进一步开发油气资源，而这一产业的进一步发展有望成为巴林新的经济增长亮点。

巴林有以下主要油气企业。

巴林石油公司 巴林石油公司系国有全资企业，负责油气资源勘探、生产、销售及经营管理。其属下之炼油厂日加工

表4-6　巴林2006～2007年的石油生产和进出口等情况

	2007 年	2006 年	日平均量(桶)	
	单位:千桶	单位:千桶	2007 年	2006 年
巴林油田产量	12552	13085	34389	35849
与沙特共享油田产量	54710	53823	149890	147461
总　　计	67262	66908	184279	183310
进口沙特原油数量	83112	81760	227703	224000
输入炼厂原油数量	95163	94492	260720	258709
炼厂成品油总产量	97904	96217	268230	263609
本国石油产品销售量	8327	7629	22815	20903
石油产品出口量	91500	88045	250685	241220

资料来源：来自巴林国家石油总局网站。

原油25万桶以上，其中，约1/6的原油来自巴林油田，余下部分经过约54公里的输油管道（海底和陆地输油管道各27公里）从沙特阿拉伯进口。该公司拥有170多个储油罐，总储量1400多万桶。主要产品有液化气、石脑油、汽油、煤油、航空油、柴油、润滑油、燃料油及沥青等，95%的产品出口销往中东、印度、远东、东南亚和非洲。巴林石油公司与巴林国际机场成立的股份制巴林航空燃油公司，供应航空燃油，巴林石油公司在该公司有60%的股权。此外，巴林石油公司还负责向巴林境内的发电厂及其他企业供应天然气，政府70%以上的财政收入来自巴林石油公司。

海湾石化工业公司　海湾石化工业公司（GPIC）成立于1979年12月，巴林政府、沙特阿拉伯基础工业公司及科威特石化工业公司各出资 1/3，现有员工 550 人，其中 80% 为巴林籍员工。该公司利用巴林所产的天然气，生产氨、尿素和甲醇，其中年产氨 40 万吨、尿素 60 万吨及甲醇 40 万吨。从创办至 2005 年，该公司累计利润有 1.93 亿巴林第纳尔（约 5.1 亿美元），累计分红 1.37 亿巴林第纳尔（约合 3.63 亿美元）。该公司每年对巴林经济贡献值约为 4 亿巴林第纳尔（约合 10.58 亿美元）。

二　天然气

2006 年，巴林天然气储量 1182 亿立方米。而阿联酋有 6 万亿立方米，卡塔尔有 26 万亿立方米。巴林天然气大都供给国内的发电站、巴林铝业和海湾石化工业公司。巴林国家天然气公司（Banagas）管理天然气液化工厂，所有权分别由巴林国家石油公司（75%）、加利福尼亚 - 得克萨斯石油公司（Caltex，12.5%）和阿拉伯石油投资集团（12.5%）所有，该工厂年生产 10 万吨丙烷、18 万吨的丁烷和 18 万吨的石脑油。

2006 年，天然气产量为 136.62 亿立方米，高于 2005 年 131.72 亿立方米的产量；天然气副产品产量为 29.74 亿立方米，低于 2005 年的 30.09 亿立方米。2005 年，巴林铝业公司用气量为天然气总产量的 27%，巴林石油公司及发电厂用气量分别占全国用气总量的 18%。2006 年，巴林天然气公司生产液化气 37.03 亿桶（罐），低于 2005 年 38.63 亿桶（罐）的水平。

1979 年 12 月 17 日，巴林成立天然气公司，投资额 1 亿美元，其中巴林政府出资 75%，阿拉伯石油投资公司（Arab petroleum investment corp.) 和加利福尼亚 – 得克萨斯石油公司共同持有 25%，主要产品有液化气、丙烷、丁烷及石脑油。余气满足自用外，还供巴林铝厂和国家电厂之用。该公司本地员工比例从 1979 年的 48% 提高到 2007 年的 93%。

三　巴林铝业

68 年 10 月 1 日，巴林政府、瑞典公司、巴拿马公司和伦敦公司联合成立了铝熔炼加工厂，巴林占 27.5% 的公司份额。巴林铝厂位于巴林石油公司炼油厂的南部，可以就近利用阿瓦利油田的天然气。为吸引外国商人到巴林投资该项目，巴林政府免除了投资者 20 年的关税和收入税，并要求熔炼厂的产品投放英国市场，直到巴林本土企业复兴。巴林铝业公司具有官办企业的特征，其负责人是当时的财政大臣马哈穆德·阿拉维（Mahmud Alawi）、石油事务主任尤素福·什拉维（Yusuf Shirawi）。1969 年初，巴林铝厂年生产 5.75 万吨铝。为提高产量，股东增加了 240 万美元的投资，工厂的生产能力增加到 9 万吨。[1]

1971 年，巴林铝业公司正式投入生产，它是利用英国出口信贷兴办的，累计有 6000 万英镑，年产铝 12 万吨左右。铝矾土由澳大利亚提供，产品除满足本国市场外，其余 80% 的铝产品向沙特阿拉伯、阿联酋和约旦等国出口。巴林发展铝业的有利条件是天然气蕴藏量丰富，价格低廉；港口设施发达，运输成本低。1975 年 6 月，巴林财政部长授权巴林铝

---

① Fred H. Lawson, *Bahrain: The Modernization of Autocracy*, Westview Press, London, 1989, pp. 100 – 101.

业公司筹集 1000 万美元修建工厂，增加钢铁产量。为形成生产序列与规模，巴林在 1977 年还建立了铝电缆厂、铝粉涂料厂和建筑用铝材压制厂。同年 4 月，巴林政府控制的巴林铝厂开始生产铝产品。铝业成为巴林仅次于石油工业的第二大支柱产业。

20 世纪 80 年代，沙特阿拉伯曾经酝酿建立一个规模较大的炼铝厂。巴林采取灵活做法，让出巴林铝业公司 20% 的股权给沙特阿拉伯，使其打消建立大型铝厂的念头。沙特阿拉伯公共投资基金（PIF）拥有铝厂 20% 的股份，但大部分股份仍掌握在巴林的手中。20 世纪 80 年代初，巴林成立锡特拉海湾轧铝公司（Gulf Aluminum Rolling Mill Company，GARMCO），铝厂有 4 万吨生产能力。1999 年，巴林铝厂接管了沙特阿拉伯基础工业公司（Sabic）下属的巴林 – 沙特阿拉伯铝业市场公司（Balco）。铝厂年生产 50 万吨铝（2003 年 51.2 万吨），其产量在世界上位于前列。铝产品出口占巴林出口额的 15%，非石油出口的 1/2。随着巴林国内建筑业的兴盛，铝材需求量进一步增加。巴林花费 7 亿美元，新成立了 15 个电解铝生产线，铝生产量增加了 50%，达到每年 81.9 万吨。巴林铝厂还花费 4 亿美元修建煤焦油工厂，2002 年初正式投入生产。煤焦油年产量为 45 万吨，巴林铝厂每年自用 25 万吨，其余出口到国外。2003 年底，世界上最大的铝业生产者——美国铝公司与巴林铝厂签署理解备忘录（MoU），购买巴林铝厂 26% 的股份，销售价值高达 6 亿美元。该协议为计划修建第 6 条电解铝生产线铺平道路，铝产量增加到年产 113 万吨。

目前，巴林铝厂是世界较大的现代化冶炼厂之一，也是世界第三大铝厂，巴林政府持有其 77% 的股份，沙特阿拉伯持有 20% 的股份，剩余股份由德国 Breton 投资公司持有。巴林铝厂在 2005 年 5 月进行工程扩建，其 2005 年的产量为 86.1 万吨。公司 2006 年铝产量提升 5.1% 至 87.2 万吨。2007 年，《海湾天天报》指出巴林铝厂是海湾铝业两大巨头之一（另一巨头为迪拜铝业），产量占整个地区的 85%。巴林铝厂在全球铝业中发挥重要作用。

四 电力

巴林电力部门董事会负责电力能源的生产和分配，董事会共控制了 4 个电站：里法（Rifaa）电站，发电能力为 70.9 万千瓦；麦纳麦电站，发电能力为 16.7 万千瓦；锡特拉电站，发电能力为 12.6 万千瓦；希得电站，在建成的第一阶段发电能力为 28 万千瓦，第二阶段发电能力为 42 万千瓦。巴林现有电站生产电量 198 万千瓦，巴林政府从巴林炼铝厂购买了 27.5 万千瓦电量。法国的能源公司阿尔斯通（Alstom）独立发电厂与巴林签署 3 亿美元的合同，供应巴林 70 万千瓦的电量。

进入 21 世纪以来，巴林电力生产规模以 5% 的速度逐年增长，超过消费需求。2001 年开始，哈马德国王削减电力部门的税收，并投巨资改造旧电厂。巴林国内电的售价一般低于成本价格，亏空部分由政府买单。2003 年，巴林政府同意招标投资电力项目（IPP），电力部门实现私有化。2004 年，比利时的特拉克提贝勒（Tractabel）公司、科威特的海湾投资公司决定在巴林建立埃扎尔（Al Ezzal）电厂。2008 年 2 月，巴林负责水电管理的工程大臣法赫米·乔德（Fahmi al – Jowder）透露，巴林正在进行 400 个在建项目以加强巴林的电网生产能力。

五　巴林传统工业[①]

在 未发现石油之前，当地人民主要靠采集珍珠、捕鱼、经商艰难度日。20 世纪初，巴林已是海湾地区货物集散中心之一。20 世纪 30 年代以来，巴林石油开采业与石化工业飞速发展，但其曾经赖以生存的传统工业却严重衰退，农牧业、珍珠采集业已成为辉煌的历史记忆，现在只剩下一颗巨大的人工珍珠被架在巴林大道的纪念柱上，供后人缅怀昔日的"珍珠"岁月。为了解决单一石油经济带来的消极影响，巴林政府从长远利益出发，利用部分石油收益，一方面大力扶持保护传统工业，另一方面积极推进工业多样化的结构与格局。巴林传统工业包括造船业、服装业、椰枣树加工业、香料加工业、编织业、陶瓷业、糖果业、纺织业与铸造业。

1. 造船业

作为历史上国际贸易的重要转口中心，巴林造船业有一些基础。1954 年，巴林成立船舶修理和工程公司，并建造一座能够处理 2000 吨货物的现代化船舶修理场。公司有 700 个本国股东，尤素福·本·艾哈迈德·卡努（Yusuf Bin Ahmad Kanu）公司拥有公司 51% 的股份，掌握公司的管理权。20 世纪 70 年代，欧佩克组织资助希得（Hidd）地区的船舶修

---

① 资料取自夏良《巴林传统工业的现状与保护》，《阿拉伯世界研究》1985 年第 2 期，第 27 ~ 28 页。

理和制造厂6000万美元，是海湾地区第一个能够处理40万吨货物的公司，英—德财团雇用了2000个韩国工人为公司的员工。从1993年起，阿拉伯造船与修理公司效益一直处于增长的态势。造船业虽历史悠久，但与世界造船技术相比明显赶不上时代步伐。从1998年起，巴林船舶收益开始下降，阿拉伯造船与修理公司（ASRY）停止扩厂计划。其原因有三：一是东亚地区低成本的同行业竞争；二是迪拜地区船舶修理效率的提高；三是"9·11"事件后，船舶保险费的上涨减少了阿拉伯造船与修理公司的交易额，公司最后取消了船舶修理业务。

2. 手工纺织

手工纺织这一传统工业目前正受到现代纺织业的猛烈冲击，规模日渐缩小，只有一些老年男性与少数妇女还在从事这一行。贾木拉村是传统纺织中心之一，其纺织业属于巴林老字号工厂，有纺织厂100余家。

3. 编织业

编织业分机织和手编两种。两种产品均以本地产的黄色席草为原料。近年来，巴林农民不再种植这种席草，席草编织业因此几乎绝迹。手编产品主要是箩筐、篮子、扇子、渔具、餐具、鸟笼、婴儿摇篮等，机织产品主要是草席和坐垫，原料大都为椰枣树的树叶或叶柄。

4. 铜器加工

铜器加工主要是用铜制作各种餐具、茶具、咖啡器具，如锅、壶、盘、杯、匙等。目前这类艺人越来越少，正面临着失传的危险。铜器上一般都刻有美丽的阿拉伯伊斯兰传统纹饰，既是待客的优雅器具，又是上佳的室内摆设。

5. 金银首饰加工

在传统行业中，巴林的金银首饰加工业很兴旺，但从事这一行业的人大都是印度人或巴基斯坦人，巴林人大都喜欢当珠宝商。

6. 服装业

巴林的服装业以棉、毛大袍与妇女绣衣为主，海湾地区最为驰名的服装是用骆驼绒与羊毛纺织制成的男式礼服。从前巴林的服装中心在贾木拉村，服装厂均为个体作坊。如今，服装中心已移至首都麦纳麦，服装款式也较以前丰富新颖。这些服装的原料主要来自伊朗、叙利亚和沙特阿拉伯，出口对象是海湾各国。

7. 陶瓷业

陶瓷业是巴林的传统工业之一。巴林的阿里村盛产白色陶土是巴林陶瓷中心，巴林陶瓷产品主要有花瓶、花盆、陶罐及各种工艺品仍用传统的工具和方法制成。巴林的陶瓷产品在海湾各国十分畅销。

巴林政府为保护传统工业分别成立了以下机构。

巴林传统工艺品工业中心 1990 年，巴林石油工业部决定成立巴林传统工艺品工业中心，到 1998 年上半年，该中心办成了 3 个馆：即妇婴协会主办的椰枣树叶造纸厂；巴林阿拉伯俱乐部开办毛纺厂；由巴林妇女协会与传统工艺品工业中心合办的刺绣厂。

巴林国家博物馆与文化遗产村 巴林国家博物馆主要陈列巴林传统工业品与工艺品的样品，文化遗产村设"海洋"、"农村"、"城市"三种环境。

手工艺者媒介中心 该中心开设了陶瓷器皿部、纺织品

部、女工部、传统船舶模具部、箱包部和传统木质家具部等
6 个部门，每一部门都设有陈列室和作坊。

第四节　商业、服务业

20 世纪 60 年代中期，一些规模小、较有活力的公司
构成巴林商业部门的主体。1962 年，巴林萨勒曼
港口自由贸易区对外开放，巴林政府加强对商人的支持力度。
1964 年，巴林废除萨勒曼港出口货物关税，而代之以统一的
低于其他港口的装卸费，这一行政措施使得 1962 ~ 1966 年间
港口输出货物增加了 15%。据《海湾明镜》（*Gulf Mirror*）杂
志的主任詹姆斯·贝尔格雷夫（James Belgrave）说，20 世纪
30 ~ 40 年代，巴林有 4000 个商品销售基地，每 28 个居民中
就拥有一个。[①] 他强调了贸易在巴林经济结构中的重要性，
这些商业基地使巴林商业阶层迅速崛起。

　　为了使经济健康有序地发展，巴林制定了比较完善的商
业法律，主要有：

　　商业代表法，1975 年巴林第 23 号法令颁布实施，其管
理范围涉及商业代理、海陆空运输和旅行旅游代理、服务代
理、保险业代理、出版发行和广告代理等。

　　商业公司法，1975 年第 28 号法令颁布实施，它规定了
各类公司的有关管理规定，包括所有权、清算、扣押查封、
抵押与管理机构等。2002 年巴林政府实行新的商业公司法。

---

① J. Belgrave, "The Changing Social Scene in Bahrain," *Middle East Forum*, 38
(Summer 1962), p. 62.

新公司法允许独资人拥有一间有限责任公司，简化了程序，允许企业变更它的法律实体。巴林部级机构不经国王审批，有成立股份公司的决定权。新商业公司法提高了对有限责任公司和股份公司的资本金要求。

劳动法，1976 年第 23 号法令颁布实施，它规定了雇主与雇员的权利、责任与义务，规定了雇员的劳动福利待遇和解除雇佣关系时的经济结算事项，如解除雇佣关系后，雇主要额外付给雇员 3 个月的工资，负责回家的国内机票、负责支付节假日加班费等。2006 年巴林启动劳务市场改革，并修改劳动法。

社会保险法，1976 年第 24 号法令颁布实施，它规定了分配、劳保和用人的事项。

破产兼并法，1987 年第 87 号法令颁布实施，它为处理商业业务交割提供了法律保障和依据。

保险公司法，1987 年第 17 号法令颁布实施，它规定了保险公司和保险机构的经营与管理依据。

巴林的商业法律体系具有相对良好的声誉，外国公司可以通过当地法院解决商业纠纷，并获得满意结果。1999 年，巴林政府允许"海合会"国家在股票交易中 100% 拥有公司股份，缩减外国投资者获得签证的时间和程序，通过立法保证外国公司的财产所有权。从 2005 年末开始，巴林政府还允许非海合会国家的外国人可以 100% 拥有某些企业。美国遗产基金会发起的 2005 年《经济自由指数》中将巴林列入世界上 20 个经济最开放的国家之一，中东地区最开放的国家。

巴林服务业发展曲折。巴林是海湾地区的服务业市场和物品配发中心，服务业部门在国内生产总值所占的比重由1960 年的 42% 增加到 1990 年的 68%。尽管巴林政府一直强调服务业的多元化发展，但在 20 世纪 90 年代后服务业比重有所下降，它在国内生产总值（GDP）中的比例由 1993 年的65% 降到 2003 年的 58%。这一现象主要是由于巴林重工业的发展，近几年的高油价，海湾地区持续动荡以及巴林国内政局不稳等原因造成的。1990 年，伊拉克入侵科威特使许多到巴林投资的外商望而却步，巴林国内的外国资金大批撤离，离岸银行撤走 50% 的贷款。1994 年，国内民众骚乱引起金融部门的资金外逸。2003 年 3 月，美国发动伊拉克战争，巴林离岸银行资金流失惨重。

第五节　交通与通信

一　法赫德国王大桥

林与沙特阿拉伯隔海相望，以前两国国民来往以飞机和渡轮为主，要用两个小时。两国人民企盼着在海上架起一条跨海大桥。1986 年，这一梦想最终实现。大桥的建成加速了两国间的交往，加强了两国与海湾其他各国乃至整个阿拉伯世界的经贸融合。

早在 1975 年，国际银行对该项目进行了可行性研究后，向世界各大公司招标，最后由沙特阿拉伯投资兴建。1982 年 11 月 11 日，大桥正式动工。该项目工程浩大，大桥根基在地下 13 米的水域，由 5 座桥梁连成，桥墩 504 个，填海 10 公里，分 7 次逐段完成。大桥的西端是沙特阿拉伯胡拜尔市兹亚区，向东延伸到巴林首都麦纳麦以西的贾斯拉区。

大桥历时4年，于1986年11月26日正式竣工。在竣工典礼上，巴林埃米尔伊萨宣布大桥命名为"法赫德国王大桥"。大桥全长约25公里，宽23.2米，为双向6车道，平时使用4条车道，最外面的2条车道供应急和临时停车使用。每日过境车辆达1万多辆，过境人数2.5万。大桥的建成密切了沙特阿拉伯和巴林两国关系，加速了两国的经贸往来。沙特阿拉伯生产的货物直接从工厂用货柜车经大桥运到巴林，运输成本降低26%。同时，大桥对海湾国家的人流和物流，对整个海湾地区的产业布局产生巨大影响。

二 港口

19 67年11月中旬，萨勒曼港开放了6个停泊位置，巴林港口初具规模。进入21世纪，萨勒曼港的深水港可以提供14处泊位，包括两个集装箱码头，以及滚装船停泊处。该港可以停泊6.5万净吨量的轮船，每年吞吐量为800艘船只。2001年末，穆哈拉格岛上的希得（Hidd）地区开放新的哈利法港口。这一港口有能力处理23.4万标准箱，2006年开放。巴林政府邀请私人公司投标管理萨勒曼港和希得港口。

三 国际机场

19 67年1月，巴林交通部投资550万美元，扩大穆哈拉格的航空集散站。1994年，巴林国际机场完成扩建，修建了新的客运枢纽站。新客运枢纽站改善了旅客接待厅与其他设备，每天起降飞机 60 多架次，每年能接纳旅客 100 万人次。2001 年巴林又修建了飞机安全紧急跑道。2004 年，该机场的旅客通过量高达 520 万人次，比 2003 年增加了 20%。巴林政府进行了机场设备的现代化改造，他们花费 14 亿美元增加了新的接客终端和旅客过道。巴林、阿曼、阿布扎比在这里拥有地区定期航线基地。21 世纪以来巴林飞机场一直处于负债状态，已经负债 8 亿美元。2002 年，其主要股东之一卡塔尔退出。巴林航空公司开始了新一轮的重组，在扭转困境方面已经取得了初步成就。

2007 年 4 月 17 日，巴林与阿曼政府合资的海湾航空公司在巴林总部举行新闻发布会，宣布了改革计划，以建立公开、关爱乘客、具有企业家能力和团队精神的公司文化。计划包括两个部分，一是重新制订经营网络，以满足巴林、阿曼经济发展之需要；二是强化航班准时、减少中转时间，向乘客提供优质服务。计划执行期 2 年，至 2009 年初完成。实施这一计划总投资 8.25 亿美元，主要用于更换机型和更新地面设施。具体措施如下：（1）缩小机队规模的 25%。机队保有量从现有的 34 架飞机减少至 28 架，全部使用空客机型，订购 4 架空客 A321 机型，用 5 架 A330 机型更新现有的部分 A340 机型。（2）调整运行网络。停飞至都柏林、香港、雅加达、约翰内斯堡、悉尼、新加坡等亏损严重的长距离航线，专注于海湾及中东的区内航线，目标是区内各航站达到每日至少两个航班。（3）裁员，公司现有员工约 6000 人。（4）加强内部协调和管理。2007 年，航空公司的累积亏损额为 2.54 亿巴林第纳尔（约合 6.75 亿美元）。机队运营每天亏损 100 多万美元，加上财务等其他经营费用，亏损额更大。

四　电信

1967 年 1 月，英国通信公司在巴林阿布贾祖尔角（Ras Abu Jarjur）地区修建卫星转播地面接收站。1981 年，巴林政府取得了巴林美国电信公司 60% 的股份。1992 年，巴林电信公司完成了网络的数字化。1994 年，巴林政府投资 4870 万美元升级网络系统。1995 年，巴林电信公司在国内拓展网络服务。随后又成立了巴林电信公司中东公司，追求丰厚的海外利润。1996 年，海湾 4 国共投入 2 亿美元投资海底光缆（FOG）项目。2001 年，哈马德国王许诺结束巴林电信公司对市场的垄断，开放巴林电信市场。同年，巴林电信公司购买了阿拉伯网络信息服务公司 75% 的股份，为阿拉伯地区提供网络服务。2002 年电话线路达 16 万余条，平均每 4 人一条，移动电话数超过普通电话数。巴林首都麦纳麦机场是海湾最早接纳喷气式客机的机场。因此，许多外国银行都想在海湾地区发展业务。

21 世纪以来，巴林电信实现市场化。2002 年，巴林建立电信监管当局（TRA）。2003 年春，电信监管当局授予科威特移动电信公司（MTC）15 年的许可证，建立了巴林第二个移动通信网络全球系统。巴林的移动电信—沃达丰公司（MTC – Vodafone）中的 60% 由移动电信公司拥有。英国的沃达丰公司与巴林移动电信公司签署合作协议，移动电信公司可以利用沃达丰公司的品牌，但是英国公司并没有平等的份额。公司的其余份额都由地方机构和私人投资者拥有。2003 年 7 月，巴林电信监管局授予网络公司第三代服务的特许权，放宽互联网服务的所有限制。2004 年前，巴林电信监管局发放第二张移动通信许可证给沃达丰公司，打破了巴林电信的垄断地位。同年 7 月，巴林开始了宽带网络的招标。据巴林电信监管局说，巴林是第一个参与电信竞争的开放国家。国际电信联盟数据表明巴林每 100 人中就有 26.8 条宽带，共有 18.58 万个用户。

2005～2007 年，巴林电信业迅猛发展。巴林电信监管局最近发布的报告显示，2003 年电信业收入为 1.5 亿巴林第纳尔（约合 3.99 亿美元），2006 年增加至 2.65 亿巴林第纳尔（约合 7.05 亿美元），增长了 74%。2003 年，巴林开通手机 30 万部，2006 年增至 80 万部，99% 的家庭至少 1 人拥有 1 部手机。同期，一半以上的家庭使用互联网，2/3 的家庭使用固定电话。2003 年，电信业雇佣人员 1808 人，2007 年第一季度增加至 2322 人，对促进就业产生了积极效果。随着 Orange、Zain 等国际跨国电信公司的进入，巴林电信市场更加具有活力，市场潜力很大。

2007 年 10 月，巴林电信公司首席执行官彼德·卡里阿诺鲍罗斯（Peter Kaliaropulos）在对当地媒体介绍第三季度运营情况时坦言，由于巴林国内电信市场竞争加剧，巴林电信公司试图通过并购其他中东国家电信运营商的股权，以图进一步发展。为此，巴林电信公司将举债 15 亿美元，并出让部分股份，筹资 4 亿美元并购本地区的其他电信公司。除国内业务外，巴林电信公司投资了 4.15 亿美元，持有约旦第三大移动运营商 Umniah 96% 股权，持有也门 Sabafon 电信 20% 股权。2007 年第三季度，巴林电信净收入为 2591 万巴林第纳尔（约合 6891 万美元），同比增长了 11.8%，其中，国内业务收入基本持平，增长部分来自国外企业经营。他还预计，2007 年全年营业收入将为 9500 万巴林第纳尔（约合 2.23 亿美元），将超过 2006 年全年的 8900 万巴林第纳尔（约为 2.37 亿美元）。

第六节 财政金融

一 财政

根据巴林政府 2007 年 6 月公布的年度决算，2006 年巴林财政收入为 47.88 亿美元，比 2005 年增长 44.3%；其中油气收入为 37.24 亿美元，比 2005 年增长 58.2%；非石油收入（不包括"海合会"援款）为 10.5 亿美元，比 2005 年增长 9.6%。财政支出为 39.26 亿美元，比 2005 年增长 7.5%，主要为调整工人工资和失业人员安置与培训。

表 4-7 2006 年主要经济数据

国内生产总值	154 亿美元
人均国内生产总值	21241 美元
国内生产总值增长率	7.8%
货币名称	巴林第纳尔（Bahraini Dinar）
汇率	1 美元 = 0.376 巴林第纳尔
通货膨胀率	3.5%
外债	72 亿美元

二 金融体制

借助有利的地理位置和黎巴嫩内乱的有利时机，巴林金融业迅速崛起。巴林金融业很发达，享有中东地区金融服务中心的美誉。2006 年，有 400 多家地区和国际金融服务机构在巴林设立办事处。

从 1973 年开始，巴林主动参与全球事务，推动金融业的迅猛发展，并构筑自身的金融发展体系。20 世纪 70 年代，巴林建立了金融机构，监督货币流通、指导本地商业银行的活动。巴林的邻国，如沙特阿拉伯、卡塔尔、科威特、阿联酋等国都拥有巨额的石油收入。以前，这些国家的外汇储备都存放在黎巴嫩贝鲁特银行。1975 年黎巴嫩内战爆发后，其国内局势一直动荡，金融活动受到影响。为吸引外国银行来巴林投资，巴林政府于 1975 年颁布了允许外国银行开设离岸分行的规定。除了不征收所得税外，还保证这些离岸分行可以自由向母国转移资金，对储备比例和利息率也不作限制。由于时差关系，巴林的银行业在营业时间内可赶上东京金融市场的收盘时间和伦敦市场的开盘时间，使两地的同日交易得以实现。20 世纪 70 年代，在巴林开业的外国银行已经达 100 多家，其中包括著名的花旗银行、大通曼哈顿银行等。海湾最大的金融机构国际银行和阿拉伯银行也把总部设在巴林。巴林不仅取代贝鲁特成为海湾和中东地区最著名的金融中心，而且同香港、新加坡、伦敦并列为世界四大金融中心。1975 年初，巴林货币管理局（Bahrain Monetary Agency，BMA）承担了中央银行的职责，并被授权监管石油生产和外汇交易业务，这一职权以前是由财政部执行的。巴林货币管理局有权设定巴林第纳尔的日兑换率，并要求国内银行机构提供借贷模式的详细数据。

1975 年秋，巴林货币管理局以新加坡金融机构为模本建

立另一分支机构。同年 10 月，巴林出台了外国银行在麦纳麦
建立离岸银行（OBUs）的政策。政策出台后的 4 个月里，就
有 32 家国际银行到巴林申请注册公司。1979 年末，大约有
50 家公司在巴林开业，投资总额从 1976 年的 35 亿美元增加
到 1977 年的 160 亿美元。1979 年 12 月，巴林离岸银行的财
产接近 280 亿美元，65% 的资金是以美元方式交易。20 世纪
70 年代末，巴林离岸银行与阿拉伯国家的交易额占总交易额
的 55%，欧洲和亚洲分别占 25% 和 10%。[①]

　　巴林离岸银行主要为海湾地区国家筹措资金、发布公债、
保证合同的投标，这与巴林成为欧洲和日本货物的转口贸易
中心有关。巴林货币管理局估计，离岸银行在 1975～1980 年
间给巴林经济带来 1.2 亿美元的收入。到 1979 年末，巴林离
岸银行向各公司拆借了大约 10 亿美元，包括实力雄厚的巴林
国家石油公司等。

　　正当外国公司蜂拥进入巴林建立分公司之际，巴林岛上
的建筑业繁荣起来。1974 年，巴林建筑业产值仅占 GDP 的
9%，从事这一行业的人占总劳动力的 17%。到 1978 年，建
筑业产值占巴林 GDP 的 14%，1979 年 25% 的劳动力进入这
一行业。1976 年中期，巴林货币管理局报告显示，建筑业的
银行贷款占国家经济总贷款的 34%，主要是建造办公大楼、
公寓住宅和旅馆。1978 年巴林政府增加个人住房和其他小项
目的投资力度。

---

　① Alan E. Moore, "The Development of Banking in Bahrain," in Ziwar-Daftari, ed., *Issues in Development：The Arab Gulf States*, London：MD Reasearch and Services, 1980, p.149.

1981 年初，各离岸银行的资产总额为 375 亿美元。1983 年末为 611 亿美元。为适应银行业扩展的需要，巴林兴建了旅馆、饭店和电信服务机构，造就了一支由办事员、律师、会计和印刷工人组成的就业大军。

20 世纪 90 年代以来，巴林金融业飞速发展。据统计，1993 年巴林境内已有商业银行 17 家，离岸银行 47 家，投资银行 22 家，银行代表处 38 家，货币兑换商号 25 家，货币和外国经纪商号 5 家。[①] 巴林全国共有 180 多家本国和外国银行及其分支机构。金融业占巴林 GDP 较大的部分，2003 年占到 19.2%。2003 年末，巴林大约有 357 个金融机构，包括 52 个离岸银行机构（OBUs）和 37 个投资银行、29 个国际银行。巴林国际保险中心（BIIC）也建于巴林金融港口（BHF）内，主要发挥传统伊斯兰银行的功能。2003 年末，巴林登记的保险公司有 162 家。这些国内银行机构以巴林为基地，业务范围超越了海外。阿拉伯银行公司（ABC）和海湾国际银行（GIB）控制了巴林离岸银行财产的 45%。2004 年末，巴林离岸银行机构的总资产有 890 亿美元。

巴林金融业的主要特点是它作为离岸银行服务中心而享有盛名。这些离岸银行大都来自西方发达国家和海湾各国，一些颇具实力的金融机构，主要经营活动是吸收存款、提供信贷和担保、办理信用证、开展黄金和货币交易等。巴林政府则对离岸银行给予外汇不受管制、自由确定比价和免税等方面的优惠。与此同时，巴林还逐渐发展成为世界伊斯兰银

---

① 董友忱主编《万国博览·亚洲卷》，新华出版社，1998，第 246 页。

行的主要中心，以伊斯兰传统方式参与海湾和中东各国的经济建设和金融业务。其中巴林伊斯兰投资公司和巴林费萨尔伊斯兰银行的影响最大，每年提供的贷款大约均在 10 亿美元以上。

2002 年，巴林政府颁布了金融服务项目，修建海湾金融机构——巴林金融港口（BHF）。伊斯兰银行组织的投资占整个项目的 60%（这一项目共花费 13 亿美元），巴林政府与私人投资者拥有 40%。第一阶段包括修建 50 层的居住和商用城堡，8 层式的购物商场等设施。这一工程旨在巩固巴林作为该地区首要金融服务中心的地位，也是对迪拜国际金融中心的回应。该项目开始于 2003 年，预计花费 20 亿美元。

巴林金融业发展的表现之一是信用卡业务的飞速发展并迅速膨胀。2007 年 7 月，巴林政府有关部门公布了 2006 年巴林信用卡业务运行报告：2006 年年底，巴林信用卡用户为 158465 人，同比增加了 5.4%。借款用户 108763 人，同比增加了 17.5%，逾期偿还借款用户 7026 人，同比增加了 35.4%。2006 年年底，巴林信用卡借贷总额 9180 万巴林第纳尔（约合 2.44 亿美元），同比增长了 17.8%。持卡人借款金额 3660 万巴林第纳尔（约合 9734 万美元），占借贷总额的 39.9%，较上年减少 2170 万巴林第纳尔（约合 5771 万美元）。逾期偿还借贷额 1640 万巴林第纳尔（约合 4362 万美元），较上年同期增加 680 万巴林第纳尔（约合 1809 万美元），逾期偿还率为 17.9%。坏账金额 220 万巴林第纳尔（约合 585 万美元），较上年少了 230 万巴林第纳尔（约合 612 万美元），坏账率为 2.4%。

巴林

表 4 – 8　2000 ~ 2004 年银行部门的资产负债表

单位：万美元

	2000 年	2001 年	2002 年	2003 年	2004 年
商业银行					
（巴林第纳尔）					
资产	376800	388200	402200	460200	506500
国内资产	248200	263100	274800	320400	363700
国外资产	128600	125100	127400	139800	142800
债务	376800	388200	402200	460200	506500
国内债务	313900	332600	344400	386900	421800
国外债务	62900	55700	57800	73300	86400
离岸开发银行					
资产	9303600	8837100	5881600	8338200	9226600
国内资产	426600	418900	396900	495900	547900
国外资产	8877000	8418200	5484700	7842300	8678700
债务	9303600	8837100	5881600	8338200	9226600
国内债务	565300	555700	535800	689400	774400
国外债务	8738400	8281400	5345800	7648800	8452100
投资银行					
资产	338100	403400	448500	531300	571300
国内资产	57900	62600	71300	106700	121000
国外资产	280200	340800	377200	424600	450300
债务	338100	403400	448500	531300	571300
国内债务	104200	119100	132900	136400	176500
国外债务	233900	284300	315600	395000	394800

资料来源：BMA，Quarterly Statistical Bulletin. 其中 2004 年截止到 9 月份。

三　银行

1. 伊斯兰银行

巴林伊斯兰银行是海湾地区银行的中心。2001 年 11 月，巴林与马来西亚、印度尼西亚、苏丹和沙特阿拉伯的伊斯兰发展银行签署成立了国际伊斯兰金融市场

（IIFM）。2002 年 10 月，巴林成立了国际伊斯兰评级机构
（The International Islamic Rating Agency，IIRA），筹集 15 亿美
元来资助伊斯兰国家的基础设施建设与私有化项目。巴林的
沙米勒（Shamil）银行发行了茹班（Ruban）万事达信用卡，
这是中东地区第一张伊斯兰信用卡。顾客拥有信用卡不索取
利息，但是必须支付一次性的行政费和交易费。信用卡不能
用来购买违反伊斯兰法规定的商品。尽管伊斯兰银行相对很
小，但其发展潜力巨大。

　2. **国内商业银行**

　为了增强银行系统的透明度，巴林货币管理局要求银行
提供季度收益、损失和资产负债表数据等信息，并为银行设
定了贷款底限。2001 年，阿赫利（Ahli）联合银行所拥有的
商业银行与巴林商业银行合并。

　巴林国内商业银行的主要业务是为个人提供贷款。2004
年，个人贷款占整个银行贷款的 45%，这一比例最近几年仍
在增长。虽然巴林建筑业和内外贸易发展势头强劲，但银行
业一直因为没有向这些部门提供贷款，而备受批评。2004
年，银行向制造业部门的贷款仅占贷款总额的 14%。离岸银
行也被统治家族中的某些成员所控制。

　巴林中央银行发布 2007 年第 3 季度银行业运营情况：总
资产额 2224 亿美元，为 GDP 值的 14.1 倍，较 2007 年第 2 季
度增长了 4.6%，较 2006 年同期增长了 32.1%。其中，外资
额 1877 亿美元，较 2007 年第 2 季度增长了 3.4%，内资额
347 亿美元，为 GDP 值的 219.6%，较 2006 年同期增长了
25.27%。总负债额 2224 亿美元，其中，国外负债额 1792 亿
美元，较 2007 年第 2 季度增长了 2.8%，国内债务额 432 亿

美元，较 2007 年第 2 季度增长了 12.5%。2007 年第 3 季度，巴林银行和其他金融机构合计 395 家。2006 年 GDP 总值 59.513 亿巴林第纳尔，约合 158.279 亿美元。

3. 巴林开发银行

巴林开发银行成立于 1992 年 1 月，其任务是促进在巴林境内的投资，为中小项目的创立、扩建、转型和升级提供不同形式的融资服务。自成立以来，巴林开发银行的业务在资本筹集、增加就业、扩大出口、进口替代、技术升级、经济私有化、人力开发等方面发挥了较大作用。

巴林开发银行提供融资支持的对象是从事制造业、加工业的企业、想独立自主创业的巴林人，其主要职责包括为融集资本资产和运营资金提供各种中短期综合贷款，向新创立的和原有的工程项目提供风险资本、租赁设备，为工程项目购买原材料提供运营资本金，为在巴林境内产品的出口安排融资。巴林开发银行提供的金融服务具有利率低、还款期长等优点。

但巴林开发银行对贷款企业提出了严格的条件：

一是企业的投资项目应在巴林开发银行的贷款支持范围之内。

二是企业的投资项目按照巴林法律完成了注册登记，具备全部经营证件。

三是企业的投资项目有利于为巴林创造就业机会，有利于扩大出口和进口替代等经济发展目标。

四是企业的投资项目坐落在巴林境内。

五是企业的投资项目在经济上是可行的，有被承认的咨询机构做的独立的可行性研究报告。

六是企业有很好的信誉。

七是企业要具备必要的项目发起资金。

巴林开发银行可以根据具体情况，提供以下几种贷款数额：

（1）对巴林开发银行有资产兑换选择权的新立项目，可以贷得项目总成本 75% 的款额，或者最多 50 万第纳尔（折 132.8 万美元）。

（2）对巴林开发银行没有资产兑换选择权的新立项目，可以贷得项目总成本 50% 的款额，或最多 50 万第纳尔（折 132.8 万美元）。

（3）对于现在已经存在的负债资产比不超过 3∶1 的企业，可以贷得项目总成本 75% 的款额，或最多 50 万第纳尔（折 132.8 万美元）。

巴林开发银行设有"小企业支持贷款"，主要支持小型制造业和个体职业者，如医生、工程师、律师、建筑师等，还有服务行业内的项目。这类贷款数额可以达到项目总成本的 90%，或最多 5 万第纳尔（折 13.28 万美元）。

根据服务社会经济发展的建行宗旨，巴林开发银行除了开展传统的金融活动外，还有向处在创业初期的小企业提供办公地点、财会、秘书、行政管理等基础设施服务的巴林实业孵化中心（Bahrain Business Incubator Center，BBIC），提供信息技术（IT）培训的巴林技术学院，向农渔界提供贷款的相关机构。

经过 10 年的经营发展，2001 年，巴林开发银行的净收入达到 75.50 万美元，资产净值达到 3317.34 万美元。巴林开发银行以贷款和资产的形式投资工程项目，近年来投资增长很快。1999～2001 年的三年间，投资总额是 3532 万美元，是 1996～1998 年三年间的 1700 万美元的 1 倍多。2000 年，巴林开发银行共批准投资项目 167 个，共计 1036 万美元。

2001 年则为 220 个项目, 2231 万美元。2002 年, 巴林开发银行发起 3 个新的服务项目, 即伊斯兰融资服务、教育贷款和循环营运资金贷款 (Involving Working Capital Loan)。

四　证券市场

19 84 年, 巴林的证券交易所正式开业。1989 年 6 月, 巴林股票交易所 (BSE) 开业。1994 年, 巴林允许外国公司股票上市, 巴林有上市公司 300 多家。1999 年, 巴林股票交易所电子贸易开始运营。巴林政府采用双币股票交易制度, 即巴林籍公民限购巴林公司股票, 外籍投资者限购外国上市公司股票。到 2004 年 9 月底, 巴林新增加 44 家上市公司, 价值 127 亿美元。从 1998 年开始, 股票市场交易不佳, 流动资金枯竭, 股票价格急速下降。为了改善证券市场的被动局面, 巴林政府放松了市场内外国企业的所有权限制, 允许海湾合作委员会合作公司 100% 的拥有上市公司, 而不是以前的 49%。对外国人持股的最高限额也由 24% 增加到 49%。2003 年, 巴林市场的流通量和营业额相对恢复, 指数上升到 29%。2004 年 1~2 月, 指数下降到 24%。据《巴林论坛报》2007 年 10 月 31 日报道, 巴林证券投资基金额超过 200 亿美元, 成为海湾合作委员会最大的投资基金经济体。巴林是海湾合作委员会第一个颁布实施投资信托法的国家, 良好的投资环境吸引了世界各地的投资商。

五　外债与外汇

由 于巴林铝业扩大造成了巨大的长期债务。巴林外债由 1990 年的 16 亿美元增加到 1991 年的 24 亿美元, 1999 年达到 28 亿美元。2003 年, 巴林发出 5 亿美元的欧洲债券。2004 年债务升到 61 亿美元，占 GDP 的 61%。巴林银行从国际银行借贷，投资工业与基础设施项目。2006 年，巴林外债又升至 71 亿美元。

随着油价的暴跌，1998 年外汇储备降到 10 年来的最低点 10.9 亿美元。2004 年 9 月，巴林外汇储备增加到 18 亿美元。2006 年又增至 28 亿美元。

表 4 - 9　利息率

单位：%

	1999 年	2000 年	2001 年	2002 年	2003 年
贷款利息率	11.9	11.7	10.8	8.5	8.5
存款利息率	4.8	5.8	2.7	1.3	1.4
金融市场利息率	5.6	6.9	3.9	2.0	1.2

资料来源：BMA, Annual Rreport; IMF. International Financial Statistics; Economist Intelligence Unit, *Country Profile: Bahrain 2005*。

表 4 - 10　巴林外债 (2000 ~ 2004)

单位：万美元

	2000 年	2001 年	2002 年	2003 年	2004 年
公共中长期	215850	230160	297150	380150	514770
私人中长期	0	0	0	0	0
中长期债务总数	215850	230160	297150	380150	514770
官方债权人	189100	200100	199600	190600	196600
双边的	183900	194900	194400	185400	191400
多边的	5200	5200	5200	5200	5200
私人债权人	26750	30060	97550	189550	318100
短期债务	64080	67610	82220	84180	94280
外债总数	279930	297770	379360	464330	609060
主要付款总数	35250	35690	38020	40000	44370
利息支付	16930	9930	9830	10180	21150
短期债务	4370	2780	1810	1350	1860

资料来源：OECD, Economist Intelligence Unit. *Country Profile：Bahrain* 2006。

第七节　对外经济关系

1966 年，巴林 81% 的商品出口到沙特阿拉伯、科威特、卡塔尔、迪拜及阿布扎比和阿曼。[①] 1967 年，萨勒曼港出口到沙特阿拉伯的货物占总量的 52%，出口卡塔尔和科威特的商品比例分别低于 12% 和 7%。20 世纪 60 年代中期，巴林 40% 的进口商品来自英国和美国。1968 年后，日本代替美国成为巴林第二大贸易伙伴。

在海湾合作委员会的国家中，巴林是依赖进口程度较高的国家。巴林进口项目主要是从沙特阿拉伯购买原油，从澳大利亚进口铝矾土。1994 年巴林的原油进口占总进口量的33%，1996 年为 45%，2003 年为 37%。随着世界石油油价的恢复，巴林政府支持的工业与基础设施建设项目继续上马，进口量与日俱增。自 1997 年以来，与石油相关的产品出口占整个出口的 2/3。巴林铝业的铝制品占非石油收入的一半，占整个出口的 15%。能源出口的主导对象是印度、日本和韩国，非石油出口的主要国家是沙特阿拉伯和美国。2007 年 1~3 月，巴林从沙特阿拉伯进口了 6150.5 万桶原油，较 2006 年同期的 6208.9 万桶相比下降了 0.9%。出口原油 4045.4 万桶，略高于 2006 年同期的 3993.3 万桶。巴林炼油厂原油总量 7060.4 万桶，日均 25.9 万桶，其中，86% 从沙特阿拉伯进口，14% 来自巴林本国。日加工原油 26.5 万桶，

---

① Mohammed Ghanim al-rumaihi, *Bahrain: A Study on Social and Political Changes since the First World War*, Kuwait University Press, 1975, p. 92.

较 2006 年同期日加工 25 万桶，同比增长了 6%。

巴林实行不限国别、无配额和无外汇限制的自由贸易政策，平均关税为 5% 到 10%。巴林第纳尔可以自由兑换，外汇、利润和资金流动不受限制。哈马德上台后，发布了一系列旨在鼓励投资的优惠政策，包括鼓励私人投资，允许外资 100% 的拥有企业，外汇可自由转移，对部分进出口商品免除关税，并免收个人所得税、公司税等。2000 年，金融业收入已占全国 GDP 总值的 19%，巴林发达的银行业吸引了大批的投资者。到年底，已有 173 家金融机构在巴林注册。在巴林注册的金融机构中，31 家投资银行在巴林设立了分行，另有 38 家投资银行在巴林设立了代表处。同年 12 月，巴林货币第纳尔正式与美元挂钩。2002 年 5 月后，巴林政府允许外国人在本国自由更换工作，巴林的商业环境更为宽松。据 2001 年联合国贸易暨开发会议的《世界投资报告》称，在吸引外国投资最多的 160 个国家的排行中，巴林排名第 40 位。

巴林积极为外商创造一个良好的投资环境，维持稳定的金融环境，例如货币汇率保持 20 年不变。巴林金融机构（中央银行）也努力构建一种银行行政指挥的良好形象，鼓励开发金融服务部门，如离岸银行、伊斯兰财政和保险银行的活动。哈马德继位以来，将吸引外国投资当做国家头等大事。经济发展委员会每年在金融服务、旅游业、信息工程、健康医疗、教育与培训、铝业下游制造等 6 个领域吸引 6 亿 ~ 8 亿美元的资金。巴林已与亚洲一些国家签署了一系列的双边经济协定。2005 年末，巴林颁布了《自由贸易协议》，期望吸引更多的外商到巴林投资。2006 年 7 月 28 日，哈马德国王就《巴林美国自贸协定》签署法令，宣布自 2006 年 8 月 1 日起，协定开始生效并实施。美国总统布什亦于同日签署了相同的法令。至此，巴林成为第四个与美国启动自由贸易协定的中东国家。据了解，巴美自由贸易协定主要涉及货物和服务贸易，包括货物贸易、金融、银行、通信、电子商务、保险、政府采购以及知识产权等领域。《巴美自贸协定》生效后，美将对巴林的 69 类工农业商品减免关税，其中对纺织服装类商品从协定启动之日起即免征进口关税。

表 4 – 11　巴林贸易对象国家所占进出口百分比

	1999 年	2000 年	2001 年	2002 年	2003 年
输出商品国家					
美国	3.3	4.1	5.1	4.5	3.5
印度	5.5	3.0	3.1	3.2	3.3
沙特	3.3	2.3	2.1	2.1	1.9
韩国	2.3	2.9	1.4	1.7	1.7
进口商品国家					
沙特	24.3	29.2	30.4	29.4	30.1
美国	11.5	12.8	13.0	11.4	11.2
日本	4.3	3.9	4.9	7.0	7.2
英国	6.1	5.9	6.7	5.5	5.6

资料来源：IMF, Direction of Trade Satistics。

表 4 – 12　巴林进出口贸易构成

单位：万美元

	2000 年	2001 年	2002 年	2003 年	2004 年
出口产品					
石油	447800	368100	395600	468000	611900
铝和铝产品	82700	85700	80400	91300	104900
所有出口产品	619500	554500	578600	660100	837500
进口产品					
石油	205100	153800	167200	196500	295700
所有进口产品	463400	426300	498500	535700	675600

资料来源：BMA, Quarterly Statistical Bulletin。

表 4 – 13　巴林贸易支付差额

单位：万美元

	1999 年	2000 年	2001 年	2002 年	2003 年
出口商品	4362.8	6242.7	5657.0	5887.0	6689.0
进口商品	− 3468.3	− 4393.6	− 4047.2	− 4697.3	− 5079.3
贸易平衡	894.5	1849.1	1609.9	1190.0	1610.5
存　款	858.9	933.5	950.4	1068.1	1067.8
贷　款	− 700.5	− 738.5	− 747.5	− 926.5	− 870.5
转让存款	36.7	22.4	22.9	14.7	40.0
转让贷款	− 856.2	− 1012.7	− 1286.9	− 1334.4	− 1340
经常项目平衡表	− 37	830	227.2	− 513.2	− 28.4
巴林的直接投资	453.7	363.6	80.4	217	516.7
国外的直接投资	− 163.4	− 9.6	− 216	− 190	− 741.4
内部的部门投资(包括公债)	194.8	112.8	282.5	− 30.7	915.2
外部部门投资	− 1206.7	− 2105.8	− 88.3	− 1448	− 5140
其他投资财产	− 14677.8	966.9	− 3833.9	5623.2	33425.4
其他投资债务	15713.5	965.6	3255.8	− 4426	− 30461.7
财政预算	314.1	293.5	− 519.5	− 254.5	− 1489.9
固定资产账户存款	100	100	50	100	101.6
固定资产投资贷款	0	0	0	0	0
固定资产投资预算	100	100	50	100	101.6
净错误或失误	638.3	− 267.8	− 650.3	213.6	1680.6
总体预算	− 16.6	25.3	200.1	123.5	34.8
财政(流入量)					
储备活动	211.1	− 289.8	− 195.1	− 119.9	− 41.8
IMF 的存款和贷款	0	0	0	0	0

资料来源：IMF, International Financial Statistics。

第八节　旅游业

一　概况

巴林是海湾和中东的旅游大国，发达的旅游业是国家外汇的重要来源。巴林旅游资源得天独厚，这一点，连巴林人自己都意识到了。2004年，他们共接待了100多万外来游客，这对巴林这个小国来说，不啻是一个巨大的成就了。巴林有5000年文明历史，岛国多元文化的精神资源，独特多样的海洋风情，不同于其他海湾国家的旅游服务，适合八方宾客口味的烹饪和饮料，这些都吸引着大批阿拉伯人和欧美游客到这里旅游和度假。每逢星期四、五和伊斯兰教的开斋节、宰牲节等重大节日，大批海湾国家公民经法赫德国王大桥，开车到巴林度假休闲。巴林政府设定了每年400万游客的目标，每年可有5亿美元的收入。2001年达到了这一目标。2002年，巴林政府采取措施，改善巴林的旅游形象。关闭违反旅游规定的夜间俱乐部、禁止在娱乐夜总会现场售酒等等。

巴林城市位于一系列岛屿上，有时一座岛屿就是一座城市，城市之间的交通方式为桥梁堤道。1986年，巴林与沙特阿拉伯之间建成了长达25公里的法赫德国王堤道，该堤道刺激了巴林商业发展和旅游业的兴盛，成为巴林外向型经济结构的主要通道。巴林城市化水平较高，除部分巴林人居住在乡村外，92%的居民住在城市地区。麦纳麦和穆哈拉格是巴林贸易中心和交通要道，也是大型商业中心和工业集中地，还是政府官员和外交使团的官邸。

148

二　麦纳麦

巴林首都麦纳麦（Manama）位于巴林岛东北角，面积 16 平方公里，人口 15 万，是全国政治、经济、文化中心，也是巴林最大的城市。20 世纪 30 年代，与哈利法家族结盟的部落人口迁出城外居住，统治者也将官邸迁到麦纳麦郊区。20 世纪 40 年代，很少有新群体迁入城市。麦纳麦城市人口包括本土的阿拉伯什叶派、逊尼派，以及外来的印度人、巴基斯坦人、俾路支人、阿曼人和也门人，他们都居住在大都市的社区。这些地区都和祖居地家族有着商业上的往来。麦纳麦市郊的阿瓦利是巴林的石油工业中心，阿瓦利炼油厂也是中东最大的炼油厂之一。麦纳麦港是一座现代化深水海港，能同时接纳多艘远洋轮船，是连接上下海湾和东西大陆的物资交易中心。麦纳麦一直是世界天然珍珠贸易中心，它还是世界重要金融中心之一，有阿拉伯世界的"苏黎世"之称，被誉为"中东的香港"。

麦纳麦历史悠久，早在公元前 3000 年就已经是巴林群岛最大的商业活动中心。公元 7 世纪它成为阿拉伯帝国的一部分。1820 年英国入侵巴林，强迫其签订波斯湾总和平条约。1880 年沦为英国保护国。1971 年 8 月 14 日，巴林宣布独立后，麦纳麦成为巴林首都。

20 世纪 40 年代，麦纳麦北部修建了通往巴林海峡（Bab Al Bahrain）的大门。到巴林的访问者一般都弃舟登岸，通过该拱门进入巴林。麦纳麦城内到处高耸着玻璃幕墙建筑以及指路的标志，填海造陆工程有的已经完成，有的正处于收尾阶段。进入巴林海峡拱门后，便可以看到麦纳麦古老的露天剧场或者商场。巴林市场货物价廉物美，样式齐备。当人们在狭小、迂回的街道徜徉时，扑鼻而来的香料味洋溢在麦纳麦街市的空气中，令人心旷神怡。走在巴林大街上，琳琅满目的物品，如衣服、地毯、珠宝随处可见。巴林服装市场品种齐全、花色繁多、价格实惠。巴林的黄金市场驰名世界，到巴林的旅游者一般都要走访黄金市场，买一些传统文化与现代风格相结合的金银珠宝或者装饰品，回国馈赠亲朋好友。

麦纳麦是阿拉伯地区著名的绿色城市，被称为"海湾的新娘子"。在城市宽敞整洁的马路两旁和空地上，到处都是成排成片的树木，高大的椰枣树和棕榈树郁郁葱葱，遮天蔽日，风格迥异的街心公园里有各种热带植物，有的翠绿欲滴，有的芬芳吐艳，呈现一派热带风光，整个城市给人以宁静安逸的感觉。在城市边缘的高速公路旁有两座纪念碑，引起游人的好奇，也会使本土人的思绪回到过去的历史岁月：一座是"珍珠"纪念碑，高达几十米的六根柱子托起一颗大珍珠，每当入夜，在各色灯光的照射下，象征巴林的这颗大珍珠放射出奇异的光彩；另一座是"航海"纪念碑，两边各有一个巨大的风帆，中间夹着一颗大珠，象征勤劳的巴林人民过去采珠业的发达。

优越的地理位置，温和的气候，丰富的海底泉水吸引了大批的外国商人和游客。麦纳麦有众多的宾馆、浴场、体育俱乐部和名胜古迹，其中有世界最大的苏美尔人、亚述人和巴比伦人的古墓。周末，成千上万的阿拉伯国家游客驱车通过沙特阿拉伯至巴林的跨海大桥来到这里度假，使它成为海湾地区的旅游中心。美丽动人的热带海岛风光和巧夺天工的建设布局交融为一体，使麦纳麦城显得更加秀丽多姿，美不胜收。

巴林国家博物馆也是著名的旅游佳地，这里活灵活现的人造物品显示了巴林 7000 年的历史轨迹。《古兰经》研究中心藏有阿拉伯书法和《古兰经》手稿，学校和清真寺也是展示巴林传统文化的地区。麦纳麦地区有两个清真寺十分突出，一旧一新，对比鲜明。大约建于 1000 年前的卡米斯（Khamis）清真寺的两个尖塔是在 15 世纪才加到上面的。麦纳麦的法塔赫（Fateh）清真寺建于 20 世纪 90 年代，内部可以容纳 7000 人。

三　穆哈拉格

巴 林的第二大城市穆哈拉格（Muharraq）位于穆哈拉格岛西南角。为一商港、渔港和采珠业中心。穆哈拉格人口 4.6 万（1981 年），以低收入者为主，这里的民族主义者十分活跃。附近产椰枣、蔬菜、水果，与首都麦纳麦有大桥相通，部分居民在麦纳麦就业。穆哈拉格比麦纳麦还要古老，这里的穆斯林露天剧场有几百年历史。旅游者在这里能够看到 16 世纪的城堡和皇家建筑，是领略与体验阿拉伯伊斯兰文明历史交往的古老胜迹。

第九节　国民生活

一　居住条件

巴 林人口的增加导致城市住房短缺。1941 年后的 30 年间，巴林岛内住房量以每年 2.6% 的比例增加，本土人口每年以 3% 的速度增长。在大城市地区，住房短缺问题更加突出。20 世纪 60 年代，政府支持修建低收入者用房。1941 ~ 1971 年间，麦纳麦住房增长率是 6.7% ，人口每年几乎增加 7.3% 。据 1981 年的人口普查数字显示，巴林大城市人口仍在迅速增加。1971 ~ 1981 年间，麦纳麦的人口增加了 1/3，穆哈拉格人口增加了 2/3。吉德哈弗斯（Jidd Hafs）人口增加了 3 倍，锡特拉（Sitra）的人口增加了 2 倍。[①] 这一趋势导致居民生活水准的下滑以及住房的紧张，住房大臣估计 1976 年有 72% 的乡村住房需要修缮，每间屋子平均 2.6 人。[②]

2007 年 11 月 15 日，哈利法首相主持召开的工作会议透露，巴林政府将通过采取房地产抵押贷款、与私营部分合作、发行房地产债券及社会住房基金的方式，解决巴林的住房问题。2008 年 2 月 12 日，哈马德国王发布了加快民居建设的谕令。巴林住房部代理次大臣纳比尔·阿布·法塔赫博士（Nabeel Abu Fateh）说，巴林政府拟在 2010 年前建成 3 万套民用住房，有 4 万人提出住房申请。

二 劳动就业

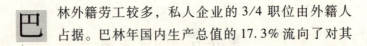林外籍劳工较多，私人企业的 3/4 职位由外籍人占据。巴林年国内生产总值的 17.3% 流向了对其

① Fred H. Lawson, *Bahrain: The Modernization of Autocracy*, Westview Press, 1989, p. 11.
② N. C. Grill, Urbanisation in the Arabian peninsula, Centre for Middle Eastern and Islamic Studies, University of Durham, Occasional Papers Series, No. 25 (1984), pp. 71 - 74.

出口劳工的国家。出于利益考虑，企业愿意雇用游离在社会上的廉价外籍劳工，致使劳工黑市顽疾屡治不愈，非法劳工大量存在，严重影响巴林劳动市场的管理和就业。

多数外籍人是在巴林繁衍生息多代的印度人、巴基斯坦人、孟加拉人和菲律宾人，还有从这些国家来的临时工。这些劳动者以吃苦耐劳、低工资和英语会话能力强为优势与巴林籍劳工竞争。在外籍劳工低价竞争的背景下，巴林成了一个工资逐年下降的国家。过去 10 年内，巴林人的工资平均下降了 16%，月均工资由 1990 年的 1116 美元下降到 2002 年的 935 美元。照此发展下去，还有可能再降 11%，到 2013 年月工资可能降到 797 美元。

在外籍劳工竞争之下，巴林籍居民就业困难。高失业率和公民求职难的压力不断加大。2006 年以来，2 万巴林人没有工作，每 8 个劳动人口中就有 1 个失业。据调查预测，今后 10 年内巴林的失业率将可能达到 35%，失业人口将达到 7 万。2007 年 12 月，巴林劳工大臣宣布，开始向符合条件的 7810 名登记失业者发放失业金。失业金领取者中，75% 的年龄在 32 岁以上，78% 为大学学历。巴林失业金领取者的基本条件为：18~60 岁拥有巴林国籍的、被雇佣的、劳工部提供合适工作机会不超过两次的公民。

问题的严重性还在于 1/3 的巴林人大都就业在技术水平较低的工作岗位，工作所得与他们的学历、经验和期望值不相适应，引发了不满和无奈。目前私人企业内 75% 的职位工资都不足 531 美元。依照目前趋势发展，今后私人企业月工资在 531 美元以上的职位年仅增 800 个，但进入劳工市场的巴林人是每年 8000 人，唯一的出路是指导私人企业创造高薪职位。

要矫正劳工市场的结构性缺陷，提高巴林人在劳工市场上的竞争力，更重要的步骤是改革巴林劳工市场与企业经营模式，明确私人企业是巴林经济发展的动力，解决巴林人就业问题必须明确巴林人是私人企业用人的首选。

1992～2002年，巴林国家机关和国营企业的就业岗位年增2%，可以吸纳3.6万人，其中巴林人占90%，是巴林籍全部劳动人口的50%。同期巴林私人企业创造了8.4万个工作机会，但调查发现巴林人在私人企业新增就业机会中没有得到实惠。多数巴林私人企业的经营模式都是依赖廉价的外籍劳工，80%以上的工作月薪不足531美元。从长远看，那些依赖廉价外来劳工、技术含量很低的私人企业很难担当起发展巴林经济的重任。企业受利益趋势，追逐低成本、高产出是难以避免的，但听任企业的这种低层次选择和运营将不利于经济的发展。

在研究劳工市场改革的过程中，巴林参考新加坡的经验。20世纪70年代中期，新加坡实施了控制外来工人的计划，采取的措施有征收外来工人雇用税，限制雇用外籍人企业的发展，依据外来工人的技能水平发放居住许可等。

三 劳工市场改革

巴林劳工市场改革方案建议征收外籍人劳工费，实行外籍劳工人数配额制，限制整个经济运营中的外籍劳工人数。方案设置了两种限制外来劳工人数的机制。

首先是成本机制。外籍人劳工费由两个部分组成。第一，雇主每领取一个两年期的劳工许可证，都要交纳1594美元的

表 4 - 14 就业情况表（2000 ~ 2004）

单位：人

	2000	2001	2002	2003	2004
私有部门	158828	173090	195889	212964	229389
总就业率百分比	83.6	84.4	85.2	85.9	86.6
男性	138497	151733	172019	188683	204421
女性	20331	21357	23870	24281	24968
巴林人	51173	55059	57794	62279	63275
巴林人在私人部门的百分比	32.2	31.8	29.5	29.2	27.6
非巴林人	107655	118031	138095	150685	166114
非巴林人在私人部门的百分比	67.8	68.2	70.5	70.8	72.4
公共部门	31157	32078	33990	34984	35524
总就业率的百分比	16.4	15.6	14.8	14.1	13.4
男性	19331	19598	20480	20628	20759
女性	11826	12480	13510	14356	14765
巴林人	28125	29085	30742	31832	32243
巴林人在公共部门的百分比	90.3	90.7	90.4	91	90.8
非巴林人	3032	2993	3248	3152	3281
非巴林人在公共部门的百分比	9.7	9.3	9.6	9	9.2
就业总数	189985	205168	229879	247948	264913
占整个人口的百分比	29.8	31.3	34.2	36	38.4

资料来源："Country Profile 2006：Bahrain"，*Economist Intelligence Unit.*

入境费或许可更新费。第二，雇主除负担外籍员工住宿、上下班交通、国际往返机票、工作许可和居住许可证件办理费、保险金、培训费等之外，每月必须另支付给外籍员工 199 美元。入境费和许可更新费将依照当年的国内生产总值增幅多少、失业率高低和工资水平进行相应的调整。按目前实际成本核算，使用一个一般技术水平的外籍人，雇主每月要付出292美元；按改革方案核算，使用同样一位外籍人雇主将要付出611美元；而雇用同样水平的巴林人的总体平均费用是584美元。

其次是使用外籍人配额的上限机制。配额上限机制在一定时间段内限制外籍劳工总人数，有利于巴林通过雇佣激励政策和工作准备政策为巴林人保留就业机会，减少对外籍工人的依赖。

巴林政府通过一系列的就业辅助政策，帮助巴林人在私人企业就业。巴林政府制定的政策有：

（1）补贴雇主在巴林保险公司（GOSI）为低工资巴林人交付的捐助金。目前该补贴相当于低工资巴林人工资的10%。

（2）给首次求职者或长期失业者工资补贴。

（3）提供就业培训，保证巴林人的职业道德、工作态度和基本技能胜任私人企业主的要求。

（4）设立职业中介机构，在私人企业雇主和巴林籍雇员间沟通和联系，牵线搭桥。

（5）激励巴林劳工与私人企业主之间建立长期的劳资关系。

外籍劳工选择或调换工作的机动性增加，持有合法工作许可证的外籍劳工可以改换雇主，更换工作。现行规定不允许外籍劳工随便更换工作，使得外籍劳工比巴林劳工更容易与其雇主套在一起。相对外籍人，巴林劳工的工作选择比较自由，没有必要与雇主建立长期牢固的雇佣关系。如果外籍劳工享有同样的选择工作和雇主的权利，他们就失去忠于雇主的相对优势。这不仅能提高巴林劳工的竞争力，同时也能减轻外籍劳工受剥削的程度。

巴林将依照"国际劳动组织"（ILO）标准制定提高包括外籍人和巴林人在内的所有就业者的就业标准。不允许雇主以低廉的工资与工作条件雇用外籍劳工，进而减少外籍劳工对雇主的吸引力，保证巴林人在技能含量低的工作领域的就业。

在私人雇主方面，改革方案取消了企业用工巴林化指标，撤除了非巴林雇员的人数限制。允许私人雇主根据工作需要和雇员的能力在劳工市场上择优用人，不受国籍限制。这样就给了雇主选人的自由，他们可以根据工作需要择优选取最合适的员工。同时鼓励巴林劳工提高工作能力，积极竞争私人企业的工作。消除巴林化用工指标，还有助于解决巴林劳工市场的黑工问题，即假工人（雇主为了达到巴林化指标开列一个巴林籍雇员名单，实际上并不让他们上班）、假公司（仅仅为了向用工巴林化指标高的行业引进外籍劳工和提供输入通道而成立的公司）等问题。

方案为所有雇员设立了一个清晰的可预见的工作程序。目的在于实现一种转变，即从按规定不管工作能力和表现优劣，雇主必须雇用一定比例的巴林劳工，转向雇主有权依据自己的意愿和需要，雇用或解雇其所用的巴林籍和外籍劳工人员。从雇主那里收缴来的雇用外籍人劳工费将用来建立劳工基金。待方案全部实施的时候，估计基金年收入将达到5.3亿美元。基金将独立于政府预算之外，专用于巴林就业培训，交付保险金和工资补贴以及战略性行业投资等。另有一小部分用于缓冲补贴，以解除外籍劳工人员遭遇解职的担忧，鼓励他们主动拒绝黑市招工。

2005 年和 2006 年为方案实施的准备阶段，2007～2009 年将分阶段试行。

这次巴林提出的劳工市场管理改革方案，可以解决长期困扰巴林政府和企业的失业问题，缓解管理与被管理之间的矛盾，根除劳工市场长期挥之不去的黑工问题，克服巴林企业低水平惨淡经营从而阻碍国家经济整体升级的问题，是巴林经济生活中的一次重大突破，将对巴林社会产生深远影响。

尽管对私营领域里的费用标准仍有明显分歧，巴林劳动部肯定，仍将按计划进行包括公营和私营劳工领域的改革。该方案没有透露具体收费条件，但改革会是渐进的。至 2009 年，巴林政府将向外籍劳工强制收取每人每月 100 巴林第纳尔（合 265.6 美元）的工作签证费，同时取消有关业主必须雇用当地人的强制比例。建立一个规模不少于 2 亿巴林第纳尔（合 5.312 亿美元）的劳工基金，用来支付劳动和职业培训以及支援失业救济。改革涉及整个劳工市场，包括修改相关的劳工法，以至与国际劳工组织的法规相符，允许劳工自由选择不同的业主等。

第一节　概述

军队是国家政治机器的关键部分，因此独立后的巴林政治精英积极调动国家资源致力于现代化军队的建设。巴林处于动荡多事的中东和海湾地区，安全环境长期面临挑战。哈利法家族面对现实，高度重视国防建设。国王兼任武装部队最高统帅并直接掌控军队，军队总司令、国防大臣等军事要职均由哈利法家族成员担任；为加强国防和军队建设，政府优先考虑国防预算和军费开支，有关费用逐年增加；为使军队建设跟上经济现代化步伐，巴林当局不遗余力地引进先进武器装备。在国王及其统治家族的关注下，巴林军队的规模、势力不断增强。然而，巴林国小人少，兵源短缺，国防和军队建设均有较大的限度。为弥补缺陷，巴林重视同美国等西方国家、海湾合作委员会等地区国家发展

＊　本章部分资料系本书审读专家许林根研究员所提供，后经孙培德研究员补充，谨致谢忱。

军事合作和共同防御体系。巴林这种对内加强军队建设、对外发展军事合作的做法，基本满足了自身安全与稳定的需要。

一　建军简史

巴林军队建于 1969 年 2 月 5 日。其前身是哈利法统治家族的治安、警卫武装人员，由现任国王之父，已故埃米尔伊萨主持并在英国军队的帮助下，改建成正规的国防军部队。

巴林军队建成后，由起初单一的地面部队逐渐发展成陆、海、空三个军种齐全的现代化合成部队；部队武装设备不断更新，如今使用的武器装备多为现代化的美欧产品。在不断加强正规军的同时，巴林政府还根据国内治安和稳定局势的需要，使准军事部队取得长足发展：仅国民警卫队即由原来的 900 人扩大到 2000 人，另增设了海岸警卫队，准军事部队总兵力同正规军总人数不分伯仲。

巴林国防军曾经经历过 1980～1988 年的两伊战争、1990 年伊拉克入侵科威特引发的海湾危机、1991 年美国为首的多国部队解放科威特战争、2003 年美国推翻萨达姆政权的伊拉克战争，巴林军队在海湾合作委员会联合防御中安然渡过潜在的风险。其间，巴林军队通过派小分队的方式，参与了海湾危机中对沙特阿拉伯的防守使命，参加了多国部队解放科威特的战争行动。巴林军队还经历过巴林同卡塔尔多年领土之争中的捍卫国家主权的任务。建军近 40 年来，巴林军队在维护国家主权和领土完整、国家和社会稳定上发挥了重要作用，在参与海湾合作委员会联合防御行动中作出了重要贡献。

二 国防体制

巴林国王为该国武装部队的最高统帅,由王储兼武装部队总司令协助指挥全国武装力量。

巴林武装部队由正规军与准军事部队组成,两者在政府内阁中分别由国防大臣和内政大臣领导。正规军分陆、海、空三个军种;准军事部队分警察部队、国民警卫队和海岸警卫队。

军队总参谋部是巴林武装部队最高统帅和总司令领导和指挥三军的办事机构,也是三军的最高指挥机关。总参谋部设总长一人,秉承武装部队最高统帅和总司令的旨意,主持三军的最高指挥机关。总参谋长兼任陆军司令,海军和空军建有独立的军种司令部,但接受总参谋部的领导。总参谋部机关设作战、训练、后勤供应、通信等部、局单位。

国防大臣主要负责巴林国防预决算事宜,参与国防政策和军队建设重大方针政策的讨论及制定。

内政部是巴林准军事部队的行政领导机构,武装部队最高统帅和总司令通过内政部指挥各准军事部队。

国王任主席的国防委员会是巴林最高军事决策机构,其成员包括武装部队总司令、国防大臣、总参谋长、海军司令、空军司令等。

巴林现任国王兼武装部队最高统帅是哈马德·本·伊萨·哈利法,现任王储兼武装部队总司令是萨勒曼·本·伊萨·哈利法,现任国防大臣是哈利法·艾哈迈德·哈利法。

三 国防预算

20世纪 80 年代后，巴林国防预算大规模增加，不断进口现代化先进武器装备。作为海湾阿拉伯国家合作委员会成员，巴林承担会员国责任，执行该委员会统一的防御政策，加强军事协调与合作。巴林军队积极维护主权和领土完整，并在参与维护法律和社会稳定上发挥重要作用。随着中东和海湾地区局势的动荡与紧张，巴林积极寻求加强自身的国防力量。巴林国防预算一直呈上升的趋势。1998 年，巴林国防开支为 4.02 亿美元，占 GDP 的 7.5%。[①] 据伦敦国际战略研究所估计，2001、2002 和 2003 年，巴林的国防开支分别高达 7.1 亿美元、7.2 亿美元和 7 亿美元。[②] 据英国战略研究所《军事力量对比》统计，巴林 2003、2004、2005、2006、2007 年国防预算分别为 4.6 亿美元、4.73 亿美元、5.26 亿美元、4.78 亿美元、5.39 亿美元。

巴林是海湾合作委员会中领土最小的国家，国防预算的数额与其他成员国相比并不算大，同本国国内生产总值的比例逐步有所下降。例如，2003 年的国防预算占当年国内生产总值 94.7 亿美元的 4.8%；2004 年的国防预算占当年国内生产总值 100.7 亿美元的 4.6%；2006 年的国防预算占当年国内生产总值 155 亿美元的 3.1%；2007 年的国防预算占当年国内生产总值 179 亿美元的 3%。

---

① Jane'Sentinel Security Assessment：Gulf States，May - October 2000.

② Military Force Structures of the World，January 2002.

巴林国防预算的主要用途有三：

一是维持军队的日常运转，满足国防建设的基本需要；

二是巴林积极参与海湾合作委员会成员国联合防御活动，需要为"半岛之盾"派部队及参加各种联合军事演练等支付不菲费用；

三是巴林国内没有国防军工企业，武器装备依赖进口，需要支出大量军费。

据不完全统计，20 世纪 80 年代以来，巴林平均每年支付从美国进口的武器装备的费用一项就超过 1 亿美元，占年度军费开支的 1/4。

第二节　军种与兵种[①]

林陆海空三军现役军人总兵力达 11200 人，其中陆军 8500 人，海军 1200 人，空军 1500 人，国民卫队等其他人员 800 人。巴林是美国第 5 舰队司令部所在地。

一　陆军

军总兵力为 8500 人。

1. 编成

1 个装甲旅，下辖 2 个装甲营、2 个坦克营、1 个装甲侦察营；

1 个步兵旅，下辖 1 个摩托化步兵营、2 个机械化步兵营；

---

① 　资料来源：参见英国战略研究所《军事力量对比》（2005/2006）。

1 个特种部队营；

1 个炮兵旅，下辖 5 个炮兵连；

1 个王室警卫营；

1 个防空营，下辖 1 个高炮连、2 个地对空导弹连。

2. 装备

M—60 A3 型坦克 180 辆。

各型装甲侦察车 46 辆，其中 AML—90 型 22 辆，"白鼬"式装甲车 8 辆，"肖兰"式装甲车 8 辆，"萨拉丁"式装甲车 8 辆。

YPR—765 型装甲步兵车 25 辆。

装甲人员输送车 235 辆，其中 M—113A2 型 115 辆，AT105 "撒克逊"型 10 辆，M—3 "庞阿尔"型 110 辆。

各型火炮 100 门，其中 105 毫米牵型炮 8 门、120 毫米迫击炮 9 门、M—198 型 155 毫米牵型炮 18 门、M—110 型 203 毫米自行火炮 13 门、227 毫米多管火箭炮 9 门、81 毫米迫击炮 9 门、无后坐力炮 31 门。

反坦克导弹若干，其中 "陶式"反坦克导弹发射架 15 部。

高炮 27 门，其中 35 毫米牵型高炮 15 门、40 毫米牵型炮 12 门。

地对空导弹发射架 93 部，其中 "响尾蛇"式导弹 7 枚、"霍克"—1 型 8 枚、"毒刺"式 18 枚、RBS—70 型 60 枚。

二 海军

军兵力为 1200 人。

1．编成

1 个海军基地，即萨勒曼港基地。

2．装备

导弹护卫舰 1 艘，美国造"佩里"级，安装"渔叉"式导弹。

轻型护卫舰 2 艘，法国造，安装"飞鱼"式导弹。

巡逻与海岸作战舰 8 艘，其中 4 艘导弹巡逻快艇、2 艘海岸巡逻快艇、2 艘海岸巡逻艇。

两栖快艇 5 艘。

海航直升机 2 架，均为 BO—105 型多用途直升机。

拖船 1 艘。

后勤和支援舰 4 艘。

三 空军

军兵力为 1500 人。

1．编成

2 个 F—16 型战斗机中队；

1 个 F—5 型地面攻击机中队；

1 个运输机中队；

1 个训练机中队；

3 个直升机中队。

2．装备

作战飞机 33 架，战斗机 21 架，F—16C 型 17 架，F—16D 型 4 架；地面攻击机 12 架，其中 F—5E 型 8 架，F—5F 型 4 架。

运输机 4 架，其中波音—727 型 1 架、"湾流"—3 型 1
架（要人座机）、"湾流"—2 型 1 架、RJ—85 型 1 架。

教练机 9 架，其中鹰式 MK—129 型 6 架、"萤火虫"
T67M 型 3 架。

武装直升机 25 架，其中 AH—1E "眼镜蛇"型 24 架、
"黑鹰"式 1 架。

多用途直升机 16 架，均为 AB—212（贝尔—212）型。

要人直升机 5 架，其中 S—70 "黑鹰"式 1 架、BO—105
型 3 架、UH—60L "黑鹰"式 1 架。

教练直升机 6 架，均为 TAH—IP "眼镜蛇"式。

空对地导弹，为 AGM—65D/G "小牛"式。

空对空导弹，AIM—7 "麻雀"式、AIN—9P "响尾蛇"式。

四 准军事部队

林准军事部队共 11260 人，其中：

警察部队 9000 人，下属 1 个直升机分队，拥有 5 架直升
机。

国民警卫队 2000 人，组成 3 个国民警卫营。

海岸警卫队 260 人，拥有 21 艘巡逻艇、2 艘后勤和支援
艇。

准军事部队由内政部领导。

五 外国驻军

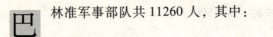国驻巴军队：美国空、海军 900 人；英国空军 40
人。

第三节　军事训练与兵役制度

一　军事训练

巴林主管军事训练的机构是总参谋部训练局。它秉承军队最高当局的指示，结合部队的需要，制定三军年度训练大纲；该训练计划被批准后交各部队贯彻执行，训练局负责指导和监督。该局还负责巴林军队和外国军队进行联合军事演习的计划拟定、科目安排、演习运转联络、演习结果的检查和验收等事务。

巴林军队规模小，条件有限，本身没有设置军事院校，仅有培养士官、考核军官的训练中心对刚刚入伍的新兵进行训练。巴林军队中的初、中、高三级军官一般送到国外军事院校进行培训。各部队聘用一些外国教官和军事专家、顾问，开展日常军事训练活动和掌握引进武器装备的操作使用等工作。

巴林军队高度重视同友邻国家开展联合演练活动，以提高部队自身的素质，加强其战斗力。巴林军队每年都要派部队参加海湾合作委员会成员国举办的"半岛之盾"联合军事演习，参加地区国家同美国和其他西方国家进行的联合军事训练。有时，巴林军队还同海湾合作委员会成员国、美国等西方国家举办一些双边的军事演习活动。

二　兵役制度

巴林军队实行志愿兵役制。凡年满 18 周岁的巴林男性公民，不论其祖籍如何，均可志愿报名参军；

志愿者经体检合格，品德操行记录良好者即可被吸收入伍；入伍者同军队签订 3~5 年服役合同，届时可以中止合同，也可以续签，依据本人志愿、军队需要的原则。

由于军队服役条件较艰苦，加之贫富差别等原因，长期以来，祖籍巴林的公民志愿参军的人数有限，致使巴林军队中占多数的服役者为后加入巴林国籍的巴基斯坦人和印度人。为改变或淡化这一局面，巴林最高当局曾于 1999 年出面动员祖籍巴林的男性公民参军入伍。

第四节　对外军事关系

一　武器装备的国外来源

巴林国内没有军工企业，武器装备主要靠进口。巴林进口和获取的武器装备主要来自美国，少量来自于其他西方国家。据不完全统计，1950~1988 年间，美国向巴林提供的武器装备价值共约 8.8 亿美元。其中 1985 年后的成交额占较大比重。

巴林从美国大量引进武器装备开始于 20 世纪 80 年代中期，时值两伊战争通过"袭船战"将战火殃及海湾之际。据报道，巴林于 1985 年从美国进口 6 架 F—5 型战斗机、一批"响尾蛇"式空对空导弹。同年年底，美国宣布向巴林出口 54 辆 M—60 型主战坦克，价值 9000 万美元。1987 年初，美国又宣布向巴林出售 12 架 F—16 型战斗机。

巴林从美国进口武器在 20 世纪 90 年代形成了第二个高潮，时值伊拉克入侵科威特并引发海湾战争之后。这一阶段，巴林从美国进口的重型武器装备有：1992 年引进 M—113 型装甲人员输送车 100 多辆；1995 年进口 AH—1 型"眼镜蛇"式武装直升机 16 架；1997 年引进 M—110 型 203 毫米自行火炮 13 门、FFG—7 型导弹护卫舰 1 艘、"霍克"式地对空导弹发射架 8 部；1998 年 3 月同美国洛克希勒－马丁公司签订购买了 10 架 F—16C/D 型战斗机合同。此外，巴林在 1996～1998 年间从美国进口各种单兵武器弹药价值约 44 万美元。据美国国务院的有关资料显示，1995～1997 年，巴林采购的军火 95％ 以上来自于美国。2000 年，美国向巴林军售额达 1.85 亿美元。

近年来，巴林的军品采购受以下两个因素的制约：一是经济困难，来自富裕盟国的财政支持逐渐减少；二是从 1994 年 12 月起，巴林国内不断发生政治动乱，以至于政府不得不削减防务预算以应付动荡不安的政治局势。

由于巴林经济实力有限，美国还以无偿馈赠的方式给巴林巨大的军事援助，借此既清理了过剩军火、淘汰二手武器，又巩固了双边关系，加强自身在海湾地区的军事存在。1990 年，巴林从美国过剩军火库中得到 60 辆二手 M—60A3 型坦克。1994 年 2 月，美国赠送巴林 TAH—IP "眼镜蛇" 直升机 6 架。1995 年 10 月，巴林免费得到 10 架美国贝尔公司生产的 AH—1E 直升机。1996 年 1 月，巴林从美国过剩军火库中又免费得到 M—578 装甲修理车。可见，巴林是美国重要的二手武器受援国。但是，接受二手武器也有明显弊端。如 1995 年 5 月，巴林从美国海军手中免费得到苏联杰克·威廉姆斯号军舰，它为该舰支付的维修、改造费就高达 5000 万美元。

在美国的帮助下，巴林建立起一支基本能维护自身安全的军队。空军可在有限的时间内捍卫领空安全，协助海军应付海上威胁，提供空中支援，但不具备抵御大规模入侵的能力。海军规模虽小，但足以打击海盗、走私、非法入境活动及提供渔业保护。巴林陆军弱小，没有对邻国发动进攻的能力，但可在孤军作战的情况下坚守 48 小时。

二　巴林与美国的军事关系

巴林同美国的军事关系始于巴林独立前。早在 1949 年，美国海军后勤支援分队就驻扎在前英国皇家海军驻扎在巴林的朱费尔基地。20 世纪 50 年代，美国开始向巴林出售武器装备。

1971 年 12 月 23 日，刚刚独立的巴林与美国签订一项使用祖法尔军事基地设施的协定。1974 年 10 月初，巴林允许美国小型舰队在巴林岛建立军事基地。10 月 28 日，巴林颁布《国家安全法》。11 月，美国海军增加了在巴林周围地区的活动。美国装载飞机的"星座"（Constellation）号航空母舰，两艘护卫舰进入海湾。1975 年 1 月中旬，海湾其他国家不愿美国驻军给阿拉伯产油国带来威胁，提议中止向美国提供便利，想收回美国在本国的优惠权益。当时巴林外交部长穆罕默德·本·穆巴拉克（Muhammad Bin Mubarak）拒绝了阿拉伯国家的提议，他认为美国驻军关乎中东地区安全体系的成败，美国海军有权利用巴林港口，来维护中东地区的安全秩序。① 美国政府随后将祖法尔港口的

---

① Fred H. Lawson, *Bahrain: The Modernization of Autocracy*, Westview Press, London, 1989, p. 120.

租赁费用提高 6 倍。

1976 年 6 月，美使用朱费尔军事基地协议到期，两国又签署了一个新协议，规定美不可在朱费尔地区建立军事基地，但仍可使用该基地，并为美军舰只提供后勤供给。7 月 1 日，美军司令员正式将基地的美国装备移交巴林政府。1977 年 6 月 29 日，巴林宣布废除美巴 1971 年协定，但由 5 艘舰只组成的美国"中东部队"仍旧在巴林海军基地停泊和再补给。据不完全统计，1950～1988 年间，美国共向巴林提供武器装备价值约 8.8 亿美元。1981 年 12 月 19 日，巴林与沙特阿拉伯签订安全协定。

20 世纪 80 年代，美国针对两伊战争中的袭船战而增加其在海湾及附近的海军力量。与此同时，美国帮助巴林修建阿瓦勒（Awal）空军基地。巴林为加快军队装备现代化，不断从美国获取先进的军事装备。1982 年，巴林要求美国出售高级战斗机。1984 年初，美国军方计划以 1 亿美元在巴林南部无人区修建空军基地。

此后，巴林与美国的军事关系更为密切。美国海军第五舰队司令部所在地就在巴林海军基地，这里驻扎有美国 5 艘舰只，常驻美国军事人员达 1300 余人左右。

两伊战争进入激烈交战之时，美国于 1984 年初增强在海湾附近的海军力量。到同年 5 月中旬，里根总统将美国中东部队的驱逐舰数量增加到 5 艘，巴林、科威特、沙特阿拉伯为美国空军提供基地。1987 年 2 月初，伊朗进攻伊拉克的巴士拉市。为了预防伊朗军队攻打科威特和沙特阿拉伯，美国调派了 3 艘驱逐舰前来支援。1987 年春，巴林成为美国在中东的战略中心，美国中东部队的战舰被用来保护科威特。

6 周以后，美国的护卫舰被伊拉克空对地导弹摧毁，牵引到干船坞，进行修理。

1990 年 8 月，伊拉克入侵科威特后不久，巴林很快就向以美国为首的多国部队提供支持并允许其使用本国的军事设施，巴林成为多国部队一个重要的空、海军基地。1991 年，美国又与巴林签署了防务合作协议。美国向巴林输入先进武器，如美国提供的多管火箭发射系统曾在海湾战争中显示出强大威力，是一种可以实施纵深打击的火箭炮弹，可有效地杀伤作战人员。

从 1995 年起，巴林首都麦纳麦附近的朱费尔海军基地一直为美国第五舰队占用，发挥了对两伊的双重遏制作用。此外，美国在巴林还驻有一个空军中队，并预置了"爱国者"导弹等武器装备。为此，美国尽力满足巴林对军火的需求，以形成两国军队装备的统一性和兼容性。由于与美国的特殊战略伙伴关系，巴林在中东地区进口美国先进武器方面处于领先地位。美国向巴林出售先进武器，是出于维持其中东战略格局的需要，美国答应售给巴林 AIM—120 先进空对空导弹就是一个鲜明例证。

据统计，1995～1997 年，巴林的军火 95% 以上来自美国。据英国战略研究所《军事力量对比》（2005/2006）统计，目前巴林陆军装备 M—60A3 型主战坦克，M—113A2 型装甲人员输送车，M—110 型自行火炮，"陶式"反坦克导弹，"霍克"—1 型和"毒刺"式等地对空导弹均为美国军事装备；巴林海军中的 1 艘导弹护卫舰为美国舰只；巴林空军装备中作战飞机 33 架和武装直升机 25 架均为美国制造。1998 年，法国政府宣布向卡塔尔出口一种超视距能力的导弹。鉴于卡塔尔与巴林素有领土纠纷，为了"平衡"二者的力量，1999 年 3 月，美国答应卖给巴林 26 枚 AIM—120B 先进中程空对空导弹，它是 AIM—120 的改进型，不仅具有很强的超视距作战能力，也具有超常的空中格斗能力。

为促进军事领域的合作，两国领导人频繁互访。1995 年美国国防部长佩里和空、海军高级将领分别访问巴林。1996 年 5 月，巴林王储哈马德访美。1997 和 1998 年，美国国务卿奥尔布赖特、国防部长科恩等人两度访问巴林。1998 年，巴林埃米尔伊萨访美。2002 年 7 月，美国计划向巴林出售价值 4000 万美元的陆基雷达系统，以提高巴林"鹰"式防空导弹团的作战能力。2003 年初，巴林为了防止伊拉克飞毛腿导弹的袭击，特意从美国引进了爱国者反导弹装置。

由于美国偏袒以色列的外交政策，巴林国内的反美情绪十分浓厚。2002 年 3 月 30 日，巴林爆发了大规模的反美游行。上万名示威群众连续 9 天在美国驻巴林大使馆前，声讨美国对以色列的支持。5 月 26 日，两名美国军人和其中一人的妻子在巴林首都麦纳麦遭到袭击，并演变成一场反美示威。2003 年 2 月，巴林迫于美国的压力，决定允许美军使用朱费尔海军基地和空军基地。伊拉克战争后，巴林妇女、学者及宗教界人士举行反美示威，甚至麦纳麦省长也加入了游行队伍。

三 巴林与英国的军事关系

作为历史上英国的殖民地，巴林在英国中东政策中一直处于重要的战略地位，英国长期对巴林承担防御义务。1961 年夏天，英国皇家空军部队和海军部队在穆哈拉格建空军基地，在祖法尔建海军基地补给站。1967 年 9 月，驻巴林的英军司令兼任英国在海湾地区的军队总指挥。1971 年，英军决定从海湾地区撤退，从此巴林与英国的战略盟友体系出现松动。1971 年 7 月 18 日，英国驻巴林的军队撤退，从而结束了英国对巴林的防御义务。

尽管 20 世纪 80 年代以后巴林重点发展与美国的军事关系，但仍与英国保持一定的军事关系。英国向巴林的陆海空军提供装备，巴林军队中的训练人员大都是英国教官，巴林籍军官也大都到英国军队院校深造。

四　巴林与海湾合作委员会成员的军事关系

为寻求和推进在安全、外交政策及经济发展领域内的合作，1981 年，巴林与沙特阿拉伯、科威特、卡塔尔、阿曼、阿联酋等国一起组成海湾合作委员会。巴林与海湾合作委员会成员国的军事关系一直较为密切。巴林既是海湾合作委员会（Gulf Cooperation Council, GCC）的创始国之一，也积极参加海湾合作委员会的各项活动。巴林参加了海湾合作委员会成员国共同组建的"半岛之盾"部队，参与"半岛之盾"部队的有关训练和演习任务。1990 年海湾战争后，巴林参加了以美国为首的多国部队解放科威特的军事行动。由于中东和海湾地区形势影响，巴林与海湾合作委员会成员国之间有共同的防御任务，彼此间军事合作和协调不断发展。

巴林是第一个与美国签署自由贸易协定的国家，"海合会"成员国对此颇有微词。2004 年 12 月 20 日，海湾阿拉伯国家合作委员会（海合会）6 个成员国，齐聚巴林首都麦纳麦就经济一体化进程、地区局势和反恐合作等议题进行探讨。海合会首脑会议发表《麦纳麦宣言》，强调在海湾地区推进民主化进程、践行改革与现代化的重要性，并呼吁海湾各国依据现实情况对现有法律和法规进行修订。

第六章

教育、文艺、卫生

第一节　教育

一　教育简史

20世纪初，海湾地区还没有构建类似现代中东国家体系的民族国家。巴林地区处于海湾的边缘化地区，经济不发达，教育事业也十分落后。巴林人接受教育的唯一形式是在穆阿利姆（Muallem）学校（指老师所在的地方）朗诵《古兰经》，这类学校的主要任务就是让学生了解阿拉伯—伊斯兰文化的深厚底蕴。1919年，巴林政府在穆哈拉格市建立了第一所正规学校"河达雅男生学校"。1928年，麦纳麦建立了第二所男生学校和第一所女生学校，巴林成为阿拉伯海湾地区第一个拥有女子学校的国家。

教育是一个国家与民族崛起的重要元素之一。巴林统治者意识到教育在现代化进程中潜在的深刻意义，认为受教育是公民的基本权利，是实现国家发展与进步的必要条件。至今，巴林教育的质量与数量已经取得了很大的进步，表现在

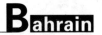

教育内容的拓展与丰富，教育体制的改革与创新，教育基础的普及与深化，教育质量的优化与提升。

1976 年，巴林成立保健科学学院。1986 年，巴林成立巴林大学，这两所大学成为巴林人接受高等教育的高等学府。许多富有家庭的子女也到美国和英国接受高等教育。巴林公共教育体系是一个全民免费的、开放的系统，为所有学生提供免费教育，交通费、书本费、校服以及一日三餐都由政府供应。在一些乡村地区，教学设施比较简陋，有的地区仅仅有一座学校，男女生上下午轮流上学。上课时间是周六到下周三，休息天是周四、周五（伊斯兰聚礼日）。除了公立学校，巴林也鼓励政府和私营企业合作，共同发展教育。巴林还有许多私立学校，主要为侨居巴林的外国居民提供宗教教育。

巴林教育部认识到发展教育以及提高教育质量对社会培养人才的实在意义，因此为适龄受教育者提供免费教育，在民众中广泛而深入地宣传教育的重要意义，鼓励公民送子女上学，重视子女的教育。巴林政府规定教育面前人人平等，教育部坚持为在巴林工作的所有人提供教育保障，对于那些有特殊需求、面临困难（如学习落后、有一定障碍等）的学生，国家为他们提供获取知识的条件。巴林为学校配备了进行教学活动的一切必要设施。巴林教育方面的开支位居服务业之首，占到服务业开支的 50% 左右。1996 年，巴林在校学生 112059 人。与之相伴的是学校班级的增多，从 1971 年的 1339 个班级增至 1996 年的 36971 个班级。教师人数也从 1971 年的 2430 人增加至 1996 年的 6851 人。学校总数从 1971 年的 108 所增至 1996 年的 183 所。2006 年 10 月，巴林教育大臣布瑞宣布，巴林的文盲率是 2.7%，小学的入学率是 100%，巴林的教育体系正在进行革新与改进，为中东海湾地区受教育程度较高的国家之一。

巴林外籍人社区文化程度和生活待遇两极分化较为突出：一方面，这些社区包括一些具有高级学位或专业技术训练的人员。据 1981 年人口调查，1/3 的非巴林人口接受过中学及以上教育，几乎 10% 的人口拥有学士或者硕士学位；另一方面没有文化和技术的劳工住在非标准"营房"，他们工资较低，待遇较差。

二　教育体制[①]

巴林实行免费教育和普及九年一贯制的中等教育制度，适龄学生大都到公立学校或者私立学校登记，残疾孩子可入特殊学校。在巴林，第一学年是在 9 月最后一个星期开始到次年 6 月底结束。一学年有 36 周，分为两个学期。每年有两周的时间为学年的中假期（相当于中国的寒假）。公立学校的教学日早上 7：30 开始，下午 1：30 结束（小学的教学日一般都会早一些结束）。私立学校的教学日由各自的学校制定。巴林的教育制度实行 6、3、3 的固定模式，即 6 年初级教育，3 年中级教育，3 年高级教育。

（一）学龄前教育

在初级教育之前，未满学龄的孩子可以入幼儿园。该阶段可分为两个时期：（1）托儿所：0~3 岁儿童；（2）幼儿

---

① 资料取自亚斯《巴林王国的教育概况》，《外国中小学教育》2006 年第 1
　期，第 5~9 页。

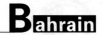

园：3～6岁儿童。本阶段不属于教育部管理阶段，但要求幼儿园遵循有关的教育规则和标准。

（二）小学教育

巴林重视小学教育的发展。1982年，巴林小学教育实现了根本性突破，采取一系列措施实现教育的全面发展。小学教育的前三年实行班主任制度，后三年实行辅导员教师制度。

这个阶段的教育阶梯包括6～11岁的学生组，持续6年的时间，该阶段分为两个时期。前三年为小学教育低年级，应用"课堂教师"方法，同一个教师讲授除了英语、设计与技术、体育和音乐以外的所有课程。一般情况下，巴林大学本科毕业生可以当教师，主修课程为阿拉伯语、伊斯兰教育、数学、科学、家庭科学和美术课程。

后三年为小学高年级，应用"科目教师"，即普通教师，每门科目都由专门教师来教。巴林实行男女分校，学校的教学人员、学校管理员、员工和学生都是同一性别。据2003/2004年教育部统计，巴林小学教育31%的管理者是女性。原因有二：一是巴林女性失业率较高，这也是政府对女性失业危机的解决方案之一；二是男性教师很少，男性一般不愿意从事教育职业或没有从教资格。

（三）初中教育

本阶段在教育体系中占有极其重要的地位，是小学教育的支持和扩充，也是高中阶段的基础，它包括12～14岁的学生组，持续三年时间。参加本阶段教育的学生必须通过小学阶段的学习或者获得相当的证书，以保证具有继续学习的能力。本阶段实行"科目教师"的方法来教学。巴林教育部出版的《综合课程文件》中，为初中制定的必修科目是：伊斯兰教育、阿拉伯语、英语、数学、科学与技术、社会科学和体育。技术方面的课程为选修课程，包括美术、歌曲与音乐、土木技术、电脑技术、农业技术。

（四）高中教育

高中教育是基础教育的补充和延续，持续三年时间，分为两个学期。参加本阶段的学生必须要拿到前一阶段的证书或者达到同等的水平。高中教育实行学分制，学校为学生提供了多种可供选修的科目与课程，学生可以按照毕业后的发展方向来制订自己的学习计划。学生可以选择6个不同的方向：即理科课程、文学课程、商业课程、技术课程、印刷广告课程以及纺织与服装课程（女生）。理科、文学、商业、纺织与服装方向各需156学分，而技术方向需要210学分。学分从4个课程组获得。

1. 核心课程

以多样性和综合性为特征。课程的教学内容以培养学生的知识、技能和态度为目标，以开发学生的学习潜力与自学能力为根本主旨。对于理科、文学、商业、纺织与服装等专业方向，核心课程占全部学分总数的45%，技术方向则是23.8%。

2. 专业课程

专业课程体现出课程设置的灵活性，不同的专业，学生选修的课程内容也不一样：理科、文学和商业的方向课程，专业课程占总学分的39%；纺织与服装方向，专业课程占总学分的64.8%；技术方向，专业课程占总学分的57.2%。

3. 选修专业课程

这些课程集中于某一专业知识领域，强调研究的深入性与科学性。对于理科、文学和商业方向，选修专业课程占总学分比例为 8%，纺织与服装方向，选修专业课程占总学分的比例为 11.4%，技术方向，选修专业课程占总学分的比率为 19%。

4. 选修课程

选修课程是以上课程的丰富与补充，以满足学生的兴趣和才能，并且对其他核心和专业课程起到综合和平衡的作用。对于理科、文学和商业方向这种课程占总学分的比例为 8%。

高中教育的日常课程为 6 课时，每节课 50 分钟，下午 1:30 放学。毕业后学生可以拿到"普通高中证书"。

（五）宗教教育

按照巴林教育部相关规定，宗教教育在专门学校进行，其教育对象主要是男子。宗教教育的学习年限、入学条件等程序规定与基础教育和高级教育有着相同的教育体系，不同之处在于宗教教育更强调伊斯兰教的学科，其培养对象主体是具有适当伊斯兰教背景的男子，低年级学生采用"课堂教师"方法，其他年级都实行传统教师体系。学生毕业后，可以拿到"普通高中证书（宗教学科）"。为了促进宗教教育发展，巴林教育部 2002/2003 学年成立了伊斯兰教什叶派学科学院（Jafari Religious Institute）。

（六）中等职业教育

随着巴林加快融入全球经济体系的步伐，巴林国内需要更多的职业技术人才。教育部适应社会发展特点，积极推进中等教育的发展。1979～1980 年，巴林实行中等教育多样化制度，扩大中等技术教育规模，缩小普通中学的学生队伍，革新职业中学教育的文化结构。巴林中学的课程开办 6 个新科目。中等技术教育增加了适应社会发展的新专业，包括工业教育，商业和医护教育，宾馆、旅游、纺织、服装、农业、动物饲养、印刷。一些初中毕业生被安排到劳动与社会事务部职业培训中心接受培训。

中等职业教育毕业生有的直接进入高等学府，接受高等教育，有的进入劳动力市场参加工作。为了提高毕业生文化素质，教育部改革中等教育管理制度。从 1990～1991 学年起，巴林教育部开始实行学年中的学时制。到 1994～1995 学年，此制度已在全国所有的中等学校实行。教育部还采取了发展工业教育的新战略，即资格阶段制。该制度从 1988～1989 学年开始执行，到 1993～1994 学年，已在全部中等职业教育里执行。

进入 21 世纪以来，巴林王国的中等教育入学人口将近翻了一番。但是当地的劳动力市场仍然需要技术学校提供更加多样化的技能人才。巴林教育部的最近一项研究显示，国内缺乏印刷技术、电脑技术和植物培养等方面的人才。巴林的教育大臣邀请联合国帮助发展这些学科领域的课程并培养相关的教师。为此巴林在 2005 年 4 月设立专项资金资助这些活动。

2005 年 7 月 4～15 日联合国教科文组织总部技术和职业教育分部与巴林教育部技术教育司共同在巴林首都麦纳麦举行了一个为期两周的课程发展研讨会。联合国的 4 个国际顾问与巴林的 12 个专家对多个课程结构的建议进行了审核并撰写了详细的课程内容。最后形成了 3 年包括 6 个学期的课程，每个学期包括 15 周。课程以能力为基础，同时包括理论和实

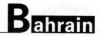

践部分的课程目标以及评估指南。新的课程遵循了理论联系实践的教育要求，课程中的实践内容大约占60%，而且特别强调信息技术应用和企业家素养方面的教育。

（七）非正式教育

非正式教育相当于中国的成人教育。巴林的教育部将非正式教育和正式教育同等对待，毕业者的证书和正规教育的证书一模一样，这一措施增强了成人继续学习的机会。接受非正式教育的学生主要有两种：一种是文盲，另一种是有读写基础但还想继续念书的人。成人教育和根除文盲计划分为三阶段：读写能力教育阶段、跟随阶段和巩固阶段，每部分各2年，持续6年。

（八）师资

教育部重视教师队伍的优化与组合，为此不惜以优厚条件吸引高素质人才加入教育行业，提高教育工作者的文化素质。20世纪80～90年代，教育部在麦纳麦和穆哈拉格建立了教师培训中心，以培养高素质的教育事业人才。

20世纪70年代，巴林实行教师队伍巴林化战略，即巴林公民是国家进行社会与经济发展的基础，让巴林人从事教育事业，并将此作为国家总体战略的重要组成部分。巴林教育部在重视技术教育与职业教育的同时，还将本国高中毕业生送往国外读大学，鼓励他们回国从教。此外，巴林教育部还对文化、教育水平未达标的教师进一步培训。

作为伊斯兰国家，妇女就业在巴林受到一定的限制，但在教育界，巴林妇女一直起着生力军的作用。在教育界，巴林籍男女教师的比例是：1995～1996学年，男教师为70%，女教师为 92% 。而在 1970 ~ 1971 学年，男教师为 79%，女教师为 78% 。①

（九）高等教育

高等教育是一个国家科技体系是否发达，文化水准与国际是否接轨的主要指标与晴雨表。独立后的巴林政府高度重视高等教育的发展，以建立高水平、多学科、成体系的高等教育系统为目标。1966 年，巴林成立了高等师范学院。1967 年，又成立了高等女子师范学院。1979 ~ 1980 年，这两所学院的学生转入 1978 年成立的文理教育学院，毕业生可以拿到学士或硕士学位。1978 年，巴林海湾技术学院开学，其工程、商务、管理等专业的技术教育水平在海湾地区遥遥领先。

1986 年，巴林埃米尔宣布成立巴林大学，这是巴林高等教育发展的标志性成果。巴林大学自成立以来，不断改进教学大纲，加强管理机构和完善教学设施。至 1997 年，巴林大学共有学生 6300 名，学校开设了 40 多个专业，年均毕业学生 800 名。巴林大学一学年开设 1200 多门课，教学教师 350 多人，其中绝大多数是巴林人。巴林大学的学历层次有专科、本科与硕士。巴林大学有 5 个学院与 1 个英语中心：文学院、管理学院、教育学院、理学院和工程学院，英语中心主要提高大学生的英语能力，为专业学习与研究做准备。

1982 年，海湾合作委员会在巴林建立了阿拉伯海湾大学，包括医学院、应用科学学院和教育学院。

除教育部外，巴林其他部委也有自己所属的高等院校，

---

① 巴林国驻华使馆：《前进道路上的巴林》，1997，第 53 页。

内阁事务与新闻部在 1973 年成立的供给与宾馆事务培训中心，卫生部在 1976 年成立的保健科学学院。劳动与社会事务部有巴林培训学院，该学院接收那些不能继续接受高等教育的初高中毕业生或留级生，培养他们从事中等的技术或手工劳动。上述学院负责宾馆和旅游业、医学护理等中级技术人才培训。

第二节　文学艺术

一　文学①

巴林文学历史悠久，但伊斯兰教产生以前的巴林文学内容却一片空白，专家们尚未做过详尽的研究。

9 ~ 12 世纪，海湾地区诗坛人才辈出，其中最出名的人物是"诗歌之星"塔尔法·本·阿卜杜。他一生创作丰富，可惜大都失传，至今只留下 7 部长诗。16 世纪初，巴林沦为奥斯曼帝国的行省后，文学体系体现了奥斯曼帝国集权政治的特征，文学的表现形态主要是展示了宫廷文学的丰富内涵，传统的本土文学内容极为乏味。巴林境内的著名诗人有艾布·巴赫尔和阿卜杜·贾利勒·塔巴·塔拜，前者是阿拉伯文学新流派的鼻祖，后者的作品特别受到民众的欢迎。这些作品为巴林留下了丰富的文学资源，是巴林文学发展史中宝贵遗产。

---

① 本章资料主要取自陆永昌《巴林文学概说》，《阿拉伯世界》1984 年第 2 期，第 116 ~ 121 页。

19世纪末到20世纪初，巴林文学发展表现出以下特点：

一是流派纷呈，其中古典主义与非古典主义流派极为醒目，前者主张恢复阿拉伯—伊斯兰文化的古典创作传统，受埃及、叙利亚和黎巴嫩的文学思潮影响；后者主张利用古典作品的传统描写手法叙述事件。

二是诗人、作家的创作活动极为活跃，文学史上出现了唇枪舌剑的生动局面。非古典主义派在同古典主义派的激烈论战中，不断补充和丰富自己的描写手法，其影响日益深远。

三是名家辈出。如古典主义派代表人物易卜拉欣·本·伊萨·哈利法（1850～1930）、穆罕默德·本·伊萨·哈利法。这两位诗人为后人留下了大量的诗歌，特别是易卜拉欣，在巴林文学界所起的作用堪与埃及诗人、启蒙者穆罕默德·萨米·巴鲁迪（1839～1904）相比。非古典主义派的代表人物有阿卜杜拉·扎耶德（1899～1945）、阿卜杜·拉赫曼·穆阿乌德（1911～?）等。其中阿卜杜拉·扎耶德所作的贡献最为突出。

四是文学团体与文学报刊的出现，表明文学创作发展的组织化、制度化倾向。如古典主义派成立了阿拉伯古典主义崇拜者团体，参加者有悲观主义诗人阿卜杜拉·法拉季、阿里·穆巴拉克、阿卜杜·卡迪尔等。非古典主义派在1920年成立"文学俱乐部"，这是后来巴林"文学家、作家协会"的前身。1939年，阿卜杜拉·扎耶德引进了第一台印刷机，创办了文学报《巴林》，这是巴林历史上的第一份报纸，从而填补了巴林新闻界的空白。《巴林》刊登文学评论、时事动态，并开辟政治专栏，报道国内外新闻。1945年，阿卜杜拉·扎耶德逝世，第二次世界大战结束后，《巴林》文学报被当局勒令停刊。

五是巴林文学表现出现实性、实践性与灵活性的特点。文学与社会生活紧密联系在一起，文学界提出"为生活而创作"的口号。第二次世界大战后，文学家们又提出文学创作"现实主义与人民性"的口号。

20 世纪中后期，巴林文学发展有四个特点。

一是现实主义文学在巴林发展很快，并占据主导地位。该派作家有易卜拉欣·阿里德（1908~2002），他发表的诗集有《未婚妻》、《蜡烛》、《两次接吻》等。长诗《牺牲英雄们的土地》真实地描绘了巴勒斯坦地区的阿拉伯民族主义运动。他的作品被译成多种语言文字，先后在英国、美国和其他西方国家出版。此外，他还在 1958 年编辑出版了阿拉伯国家的《当代诗选》。20 世纪 50 年代末，他发表文艺评论《论现代诗歌》，详细论述了阿拉伯国家 120 个大诗人的创作风格。

二是巴林诗歌或用法文创作，或用阿拉伯文创作。用法文创作的著名诗人有卡西姆·哈达德（1948 年生）、阿拉维·哈希米（1946 年生）等。用阿拉伯文甚至当地方言进行创作的著名诗人有阿里·阿卜杜拉（1944 年生）、易卜拉欣·布欣迪和阿卜杜·拉赫曼·拉菲等人。阿里·阿卜杜拉著有诗集《阿明·萨瓦里》（1969）、《渴望荣誉》（1970）、丛书《人与海》等。这些作品体现了文学家从事现实主义创作方法，如阿卜杜·拉赫曼·拉菲在创作诗集《海员之歌四首》（1970）之后，又转向小说创作。1971 年，他还发表了以巴林现实生活为题材的短篇小说集。

三是风格多样，情感细腻而丰富。卡西姆·哈达德的诗集《好消息》（1970）、《叛城来的侯赛因之头不知去向》（1972）、《他人的血》（1980）等作品反映了巴林社会诸多政治、经济问题，揭露了社会生活中的不平等现象和统治者的暴行。著名诗人阿卜杜·哈米德·卡义德，著有诗集《酷恋》（1980），其作品充满悲观失望的情调。阿利亚维·哈舍米著有《悲伤从何处来》（1972）等诗集，反映穆斯林妇女低下的社会地位，对受侮辱、受欺凌的妇女深表同情，具有浓厚的抒情色彩。

　　四是反映现实生活。20世纪60年代初，青年作家哈拉夫·艾哈迈德·哈拉夫提出文学创作应面向生活，面向社会现实，提倡用现实主义手法进行创作。穆罕默德·阿卜杜勒·马立克是现实主义奠基人之一。1972年，他发表了短篇小说集《一个汽车司机之死》，该小说集以文风清爽、内容丰富而饮誉文坛。从事现实主义创作的青年小说家还有穆罕默德·穆斯塔法·哈米斯、哈利夫·阿赖费、艾哈迈德·焦姆、艾哈迈德·赫杰伊里、阿卜杜拉·哈利夫等。穆罕默德·贾比尔·安萨里在巴林文学评论界享有崇高威望，他是海湾地区第一位当代文学史家。1969年，他发表文学评论专著《酋长·易卜拉欣·哈利夫遗著》，1970年又发表《海湾来的消息》一书。

　　长期以来，巴林没有自己的作家社会团体。20世纪60年代中期，巴林民族主义者曾计划筹建作家协会。1969年9月，巴林成立了第一个作家组织——"文学家、作家协会"（1970年该会成员有28人，1971年增加到33人）。这个组织在争取创作自由、创作新文学的斗争中起了领导作用。"文学家、作家协会"经常组织文艺晚会、讨论会，总结创作经验，在极其困难的条件下，坚持为青年作家提供发表作品的机会，并注意培养文学爱好者。在该会的影响下，巴林的艺术爱好者团体从 1967 年的 13 个发展到 1974 年的 20 个。巴林独立后，该会和阿拉伯国家建立了联系，成了阿拉伯国家文学家总联合会和亚非作家协会成员，并常派代表出席区域性或世界性的作家代表大会。

二　戏剧

巴林的戏剧发展较晚，20 世纪 30 年代一些戏剧爱好者团体在俱乐部、慈善晚会上举行演出。20 世纪 60 年代，巴林掀起了建造现代剧院、创作新剧的运动，并出现职业剧作家，如法伊萨尔·哈尔方、拉希德·马乌德、本欣杰等。由于剧本触及社会问题，常受地方当局的干预，拉希德·马乌德的剧本《七夜》曾遭到禁演。

巴林专业剧团出现于 20 世纪 50 年代中期，20 世纪 70 年代始有"艾瓦勒剧团"、"民盟剧团"、"半岛剧团"，主要演出讽刺喜剧，剧本有的来自本地作家的手笔，也有的移植于科威特、埃及等国的作品，并加以修改。比较有名的剧作家有阿卜杜拉·艾哈迈德、拉希德·穆阿威德、素丹·萨利姆、穆罕默德·萨利赫·阿卜杜·拉齐格、穆罕默德·阿瓦德、阿卜杜·拉赫曼·白拉卡特等人，剧本内容主要批评社会弊端，揭示陈俗陋习给人们带来的不幸。

20 世纪 70 年代后，巴林戏剧取得了令人瞩目的进步，剧团先后到科威特、阿联酋和叙利亚进行访问演出，与此同时，叙利亚、埃及的剧团也应邀赴巴林演出。从整体上看，巴林戏剧仍存在一定的问题，如缺乏高水平的剧作家和戏剧艺术人才、经费不足、财源困难、旧传统习惯禁止妇女登台演出等，这些因素都影响着戏剧艺术的正常发展。

三　小说①

20世纪初，海湾国家文化得到了一定发展。巴林距伊拉克较近，伊拉克的文化发展对它影响较大。阿拉伯国家的刊物，尤其是埃及报刊在巴林拥有广大的读者群。在文化政策较宽容的情况下，巴林的新一代文化青年成长起来。人民需要一种新的文学样式，来表达他们的愿望，反映他们的问题，这时候诗歌已经不能满足他们的要求，在这种形势下，小说脱颖而出。

第一，准小说、传统小说与艺术小说的历史继承发展。1941 年初，《巴林日报》以节译本的方式刊载了契诃夫、托尔斯泰的两部短篇小说。这是巴林"准小说"的开始。不久，英国当局查封了《巴林日报》，"准小说"也结束了。传统小说是巴林小说初期的作品，写作风格基本上分为两种：一是苏菲式主人公的个人奋斗故事；二是不进行艺术加工，进行简单的生活白描。如短篇小说集《梦幻面面观》。艺术小说是新一代作家创作的一种反映巴林新时代精神、与阿拉伯环境息息相关的小说。这类小说以探讨社会问题为主，作品故事大都是作者的亲身经历或所见所闻。巴林艺术小说的先驱是青年小说家穆·阿·马立克，共出版了两本短篇小说

---

① 资料取自周顺贤《巴林现代文学》，《阿拉伯世界》1996 年第 3 期，第
31~34 页。

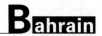

集《马车夫之死》和《我们热爱太阳》。

第二，内容丰富，趣味横生，达到很高的艺术水准。这类小说有事件、有人物，记录日常生活中发生的事情，抨击社会道德方面的陋习，讽刺那些盲目照搬西方标准和经验而洋相百出的人，如《盲目的模仿》。20世纪50年代，艾哈迈德·苏莱曼·凯马尔的小说对离婚、早婚、多子女、酗酒、赌博等陋习进行批评。穆·阿·马立克小说集对巴林的历史、巴林的贫民区、狭窄街道、沿海椰枣林、渔村、工厂以及在农田劳作的巴林人进行了深刻描写。因此，穆·阿·马立克的作品被看做是巴林人文、社会的艺术卷宗。青年作家艾明·萨利赫（1950年生）的代表作是短篇小说集《我们在玫瑰生长的地方起舞》（1973），他的小说风格受西方现代小说的影响很深，其特点是语言精练、主题明确、文风简洁、立意深远。无论从形式还是技巧上说，艾明·萨利赫的小说都是一种崭新的艺术尝试。

第三，社会生活是小说取材的宏大主旨。20世纪60年代，青年文学家以现实生活中的一些问题作为素材，把新文化知识作为工具，试图探索一条与阿拉伯世界文学发展相协调的新路子。这些青年作家有穆罕默德·阿卜杜·马立克、艾明·萨利赫、福阿德·欧贝德、穆罕默德·马吉德、哈勒夫·艾哈迈德·哈勒夫和阿里·阿卜杜拉·哈里等。社会改良是巴林传统小说的主题，劳动人民遭受的贫困、疾病和压迫是传统小说作家最关注的问题。有的小说注重描写青年一代的失落和迷惘，如穆罕默德·马吉德的《一支悲哀交响乐的片断》、《夜半泣声》、《地狱》、《月亮为谁而歌？》等作品。

四　新闻出版

巴林过去没有文学杂志。巴林的首家文化俱乐部成立于1913年，只活动了几个月，而后相继出现了"文学"、"伊斯兰"、"巴林"、"改革"、"复兴"、"校友"等俱乐部。20世纪60年代末，麦纳麦成立了"文学、作家之家"。1970年巴林"文学家、作家协会"决定出版该协会的机关刊物，但遭到当局禁止。1982年，巴林文学家、作家协会在首都麦纳麦出版了新闻通讯报《卡里马特》。

20世纪40年代，《巴林之声》杂志问世。20世纪50年代，《队列》、《祖国》、《天平》、《丛林》、《火炬》、《海湾》等刊物相继出版，大大推动了巴林新闻文化事业的发展。至20世纪70年代，巴林共出版了20多种刊物，其中大都为文学刊物。

巴林的广播电视等大众传播媒介也有了一定的发展。1940年，巴林建立了海湾第一家广播电台。20世纪50年代，巴林开始接收沙特阿拉伯电视节目。60年代，巴林电台增加了科威特电视节目。1973年，巴林本国电视台开始播出节目。到1996年，巴林已拥有了33万台收音机、26.8万台电视机，出版图书约150种。巴林广播电台1955年开始播音，用阿拉伯语和英语广播，有4个波段。巴林电视台共有3个频道，其中2个阿拉伯语频道，1个英语频道。巴林电台有24小时的英语及转播卡塔尔的英语频道，可收听到沙特阿拉伯及卡塔尔的广播节目。巴林共有13种报纸，主要报纸有《海湾日报》（阿、英文）、《光明日报》（阿文）、《巴林湾日报》（阿文）、《天天报》（阿文）、《海湾消息报》（英文）、

192

《海湾每周镜报》（英文）等。巴林还发行一份季刊和几种定期出版的生活指南，另外邻国一些出版物也在巴林发行。

第三节 医疗卫生

独立前巴林的医疗卫生事业十分落后，特别在一些偏远山区，传染病到处流行，老百姓缺医少药，健康无保障。独立后的巴林政府十分重视国民健康，统治者意识到健康的国民是巴林经济发展与社会繁荣的一个重要因素。因此，巴林政府规定巴林居民不管其国籍如何，都享有卫生、健康方面的最基本权利。巴林政府实现居民就近保健的服务，到1997年此项服务的覆盖率已达到100％。

巴林国民自己承担的医疗费用只是很少的一部分，大部分是国家支付。1990/1991年度，政府医药卫生费用支出为4100万巴林第纳尔（约1.09亿美元）。[①] 巴林卫生部向国民提供卫生服务包括一些预防和治疗计划，巴林保健标准在中东国家中处于领先地位。到1997年，巴林儿童免疫率超过97％，消灭了白喉、百日咳、破伤风、小儿麻痹症等疾病。20世纪90年代，巴林卫生部通过给新生儿接种疫苗，消灭了乙型肝炎。巴林还实行了妇幼保健计划，婴儿死亡率已从1970～1975年间的55‰降至1995年的19‰。人均寿命从1975年的63.5岁上升至1995年的71.9岁。人口出生率从原来的36‰降至21.7‰。[②]

---

① 赵国忠主编《简明西亚北非百科全书·中东》，中国社会科学出版社，2000，第673页。

② 巴林国驻华使馆：《前进道路上的巴林》，1997，第55页。

除了基本健康服务外，巴林还有第二等和第三等的卫生保健服务，提供这些服务的机构是萨勒曼尼亚医疗中心、卫生部所属的各妇产医院、心理医院和穆罕默德·本·哈利法心脏疾病医院。到 1997 年，巴林卫生部所属医院有病床 1250 张，巴林部队医院有病床 300 张，私人医院有病床 177 张。

　　萨勒曼尼亚医疗中心分两个阶段开设，第一阶段在 1957 年，第二阶段在 1959 年。20 世纪 70 年代，该中心重建，并于 1978 年正式使用。1984 年，该中心成为阿拉伯海湾大学医学院的教学中心，现有病床 627 张，妇科与产妇病床 147 张。1997 年 3 月，萨勒曼尼亚医疗中心扩建工程完成，病床增加至 1000 张。

　　萨勒曼尼亚医疗服务中心提供高水平的医疗服务。该中心设门诊和住院部，治疗内科、外科疾病。其他科室包括骨科、耳科、鼻科、喉科、眼科、口腔科、妇产科，中心还有心脏及血管病部门，有 40 张病床的儿科部门。1996 年后，中心可以实施肾脏移植、骨髓移植等器官移植手术。

　　为了适应医疗卫生事业的发展步伐，萨勒曼尼亚医疗中心开始扩建工程，这是巴林医疗方面最大的工程之一。除了增加病床以外，巴林的医疗设备有了突破性的改进。这些改进设备有：透视功能的先进设备、磁共振高科技设备、核医学设备（利用同位素、核图像等进行诊断）。该部门有世界上先进的辐射治疗仪器，为癌症患者与肿瘤患者提供有效服务。急诊与事故部增加了急救病床，成为海湾地区有较大急诊部的医院。为了给严重心脏病患者以人文关怀，在卫生部的建议下，该中心还成立了心脏病人护理部，配备病床 33 张，配有观察心绞痛及其他心脏疾病的设备。

　　心理病医院在两个方面得到改善与扩大：第一是基础设施的完善，卫生部为其建起了新的楼房。第二是部门全面，功能灵活，主要体现对患者的关怀。该医院包括三个部，一是短期居住部，患者当天接受治疗、培训，每天可住 80 人；二部是紧急症状部，接待心理失常病人；第三个部是儿童心理关怀部，为儿童患者提供心理咨询与治疗，共 12 张病床。

　　保健科学学院是卫生部成立的高等教育机构，主要为巴林卫生保健、护理行业等科学领域培养专门的医学人才。该学院成立于 1976 年，学生为专科与本科两个层次。学院的大专部主要培训卫生行业、心理护理、公共护理、接生、社会卫生护理等方面的教师，大学本科部主要专业是护理，此外还进行护理、医疗服务、诊断、医药秘书、口腔卫生等方面的培训。到 1997 年，该学院已经培养了 2500 名不同专业的毕业生。

　　巴林卫生部重视对部里工作人员的培养，制定和改进培训计划，使巴林本土人成为工作的主导力量。截至 1997 年，卫生部各种工作人员近 6000 人。卫生部里巴林籍工作人员的比重持续增加。20 世纪 70 年代，卫生部里巴林本土人占工作人员的 50%；到 20 世纪 70 年代中期，这一比例增加到 75%。卫生部巴林化措施正在稳健进行，部内巴林籍医生占 57%，巴林籍牙医占 90%，巴林籍技术人员占 85%，43% 的女护士是巴林人。

　　2006 年，巴林人均 GDP 为 21241 美元。全国实行免费医疗，居民卫生服务普及率达 100%，人均寿命 73 岁。有公立医院 8 所，医疗中心 41 所，医护人员 2000 余人，另有一所军事医院。

第七章

对外关系

第一节　外交政策

巴林奉行中立和不结盟的外交政策，加强同第三世界，包括同伊斯兰世界的团结与合作，反对外来势力干涉海湾事务。在对外关系上，巴林一直努力建立三个层次的对外交往结构：即外层：与美欧等西方大国保持紧密联系；中层：与伊斯兰世界加强团结合作；内层：与海湾国家寻求睦邻友好。

独立后的巴林在国家安全和治理层面采取了一种均衡和平行战略。

第一，巴林一直与海湾以外的国家保持借助型联盟关系。1970年8月前，巴林同传统保护国英国友好，此后又与美国构建战略结盟关系。

第二，地理位置及人口构成等因素使得巴林与伊朗的关系敏感而微妙。在伊朗统治者看来，巴林是伊朗领地天然的组成部分，历史上如此，现在还是如此。巴林不断应付来自伊朗的外部挑战。不论是巴列维（Pahlavi）统治时期，还是

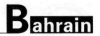

霍梅尼伊斯兰共和国时期，伊朗都对巴林群岛的主权提出要求。在独立之初，巴林哈利法家族为抵制伊朗的这些要求，在联合国与中东地区进行外交斡旋，赢得国际社会的支持。

第三，巴林注重与海湾其他国家改善关系。尽管与沙特阿拉伯、科威特等国有一系列的共同利益，但巴林在这些国家间实行平衡战略，不愿看到任何一国成为地区的霸主，主导海湾地区话语权。

第四，巴林统治者必须处理好伊朗和伊拉克的关系，这也是其对外交往中的主体内容。与"两伊"的交往一方面使巴林在缓和中东地区紧张局势方面扮演着制衡与调解矛盾的积极力量；另一方面也迫使巴林对沙特阿拉伯和海湾合作委员会的依存度日益增加。

第五，在巴以问题上，哈马德支持巴勒斯坦民族权利，反对以色列的侵略扩张政策，主张公正持久的解决巴以争端。巴林承认巴解组织是巴勒斯坦人民的唯一代表，也承认巴勒斯坦建国。巴林认为以色列必须从叙利亚的戈兰高地、黎巴嫩的萨巴农场在内的所有阿拉伯被占领土全面撤军。哈马德多次呼吁国际社会支援正义的阿拉伯事业，阿拉伯国家应通过阿拉伯集体智慧与力量，为实现中东地区全面、公正和持久的和平而努力。巴林希望巴勒斯坦领导人克服分歧，组建民族团结政府，哈马斯通过合法选举获得胜利代表了广大巴勒斯坦人民的意愿，应得到各方尊重。支持在阿拉伯联盟有关决议和框架内向哈马斯组成的巴新政府提供财政援助，警惕黎巴嫩局势给地区安全和稳定带来的危害。

第六，在反恐问题上，巴林认为恐怖主义是国际和平与安全的最大威胁，谴责任何形式的恐怖主义，支持国际社会反恐行动，但认为采取军事行动打击恐怖主义不应伤及无辜，同时必须解决产生恐怖主义的根源。

截至 2007 年，巴林已同 156 个国家建立了外交关系。

第二节　巴林与美国的关系

弹丸小国的巴林对美国有着非常重要的军事战略意义，一直是美国在中东地区最坚定的盟友之一。早在 1949 年，美国就与巴林构建军事联盟关系。在英国军队撤出巴林的同时，巴林政府开始同美国商议租用祖法尔海军基地的相关事宜。

1971 年 12 月，巴林和美国官员达成共识，在英国海军撤出巴林后，美国使用朱费尔海军基地，但并不承担巴林岛的安全防御义务。1972 年 1 月初，美国和巴林签署友好协议，这在美国新闻界引起了强烈反响。美巴特殊结盟关系使得参议院外交关系委员会十分恼火，他们建议美国与巴林签署基地协议（Base agreement）。4 月初，参议院切断对巴林的军事援助，直到基地协议得到国会的承认。同年 7 月，美国政府派遣国务卿威廉·罗杰斯（William Rogers）到巴林，宣布美国军队继续在朱费尔行动，这些行为不会对任何国家造成威胁。

1973 年十月战争期间，巴林反对美国支持以色列，取消美国使用朱费尔海军基地的协议。1973 年 11 月初，作为欧佩克成员之一的巴林与其他阿拉伯国家联合抵制美国，切断对美国的原油供应。随着"石油战争"影响逐渐减弱，巴林对美国的态度趋向缓和。

伊拉克入侵科威特后，巴林向美国提供支持，允许美国使用巴林的军事基地。1991 年，巴林与美国签订了一项共同防务协定，之后美国第五舰队一直驻扎在巴林。目前，约有5000 名美军士兵驻扎在巴林，并在此建立了美国在海湾地区最大的海军基地，是红海、海湾及阿拉伯海地区所有美国军舰的指挥中枢。巴林与美国高层官员互访不断，美国前国防部长佩里、科恩，前任国务卿奥尔布赖特等高级官员分别访问巴林，布什称赞巴林是美国"伟大的朋友"。1996 年 5 月、2001 年 5 月和 2003 年 2 月，哈马德曾三次访美，同美国讨论如何维持和增进两国在海湾地区防务合作的问题。2001 年 9月 15 日，也就是"9·11"事件后，哈马德召见美国驻巴林大使，宣布巴林在打击恐怖主义上始终与美国站在一起。

巴林与美国的经贸关系十分密切，美国是巴林第一大贸易伙伴。1999 年 2 月，巴美两国签署了投资保护协定，巴林是海湾国家中第一个与美国签署此类协定的国家。2000 年，双方贸易额约为 9 亿美元。美国在巴林注册的商业机构 830多家，设立的分公司 50 多家。2001 年 5 月，哈马德国王会见布什总统，这是"海合会"国家中第一个会见布什的领导人。2002 年初，美国认为巴林是"一个重要的非西方盟国"。在阿富汗战争中，巴林认可美国领导的军事行动，还调遣巴林唯一的护卫舰参与搜寻和解救行动。对于伊拉克战争，哈马德国王既没有认可，也没有公开批评。自从美国宣布启动2010 年建立美国中东自由贸易区以来，巴林是阿拉伯国家中第一个与美国发起《美国—巴林自由贸易协定》对话的国家。2004 年 1 月，美国与巴林进行自由贸易谈判，5 月，双方完成谈判，2005 年 12 月 7 日，美国众议院和参议院通过了

《美国—巴林自由贸易协定》；2006 年 1 月，美国总统布什签署了该项协议。

2001 年 10 月 23～26 日，巴林王储兼武装部队总司令萨勒曼访问美国，会见了美国总统布什、副总统切尼、国务卿鲍威尔、国防部长拉姆斯菲尔德等军政要员。美方赞赏巴林在维护海湾地区安全与稳定方面所起的重要作用，决定将美巴关系升级，称巴林是美国在北约之外的重要盟友。巴林则对恐怖主义行径大加谴责，支持国际社会的反恐行动，但认为对恐怖主义采取军事行动不应伤及无辜平民。2003 年 2 月，哈马德国王访美。他对布什为海湾地区"稳定和进步"所采取的行动表示支持，赞赏布什在中东"安全和发展"问题上目标明确，并认为要实现这些目标需要美国发挥"领导作用"。2006 年，美商务部长古铁雷斯、副国务卿罗伯特等访问巴林，巴王储萨勒曼访美。2007 年 12 月 7～9 日，美国前国防部长威廉·科恩参加中东地区安全对话，并到麦纳麦造访。

第三节　巴林与英国的关系

英国与巴林的交往有着悠久的历史，二者关系不仅体现在历史上的殖民管理，还表现在现实中的商业贸易往来。19 世纪初，英国在巴林的优势地位日益凸显，哈利法家族统治下的巴林成为英国全球帝国秩序的一部分。

巴林是英国在海湾地区的合作者。1946 年，萨勒曼酋长鼓励英帝国当局将英国常驻海湾地点从伊朗西南部港口布什尔迁到麦纳麦，这一建议被英国采纳。"二战"后的一段时期，巴林在英国的中东战略中一直处于重要的战略地位。
1961 年夏，英国皇家空军部队和海军部队在穆哈拉格建空军
基地、在朱费尔（Jufair）建海军基地补给站。英国从亚丁撤
军以后，巴林的英驻军数量快速增加。1967 年 9 月，驻巴林
英军长官成为英国在海湾地区军队总指挥。

　　1971 年春，英军决定从海湾地区撤退，撤军后的英国与
海湾国家不再是双边防御协定的战略同盟，巴林和英国的战
略盟友关系出现松动。英国保守党外交大臣道格拉斯
（Douglas）反对英国在海湾地区驻军，并发表从海湾地区撤
退的声明。英国还建议海湾各国成立阿拉伯埃米尔王国同盟，
同盟允许英国在海湾领土拥有军事基地。英国向海湾国家供
给军事武器和装备，英国军队在海湾南部拥有飞越领空的优
先特权。用道格拉斯的话说，这种安排"可以使英国继续为
海湾地区稳定提供安全力量"①。

　　1971 年 7 月 18 日，英国驻巴林岛的最后两个连离开祖法
尔，前往阿拉伯半岛北部沿海的沙迦（Sharjah）皇家空军基
地，英国在巴林驻军成为历史。1971 年，巴林新成立的防御
部队承担了捍卫岛屿领土安全的神圣职责。一个月后，伊萨
酋长宣布巴林为享有独立主权的国家，有权阐明和执行自己
的外交政策。英国代理大使杰佛里·亚瑟（Geoffrey Arthur）
与巴林正式签署相互友好协定，结束了英国对巴林的防御义
务，但两国在需要的时候可以协商合作。其他阿拉伯国家对
该协定表示欢迎，但苏联和也门民主人民共和国认为巴林与
英国的关系显示出"新殖民主义"的特征。

---

　　①　*Arab Report and Record*（ARR），1 – 15 March 1971.

哈马德即位后，英国与巴林的经济和政治交往更加密切。1999 年末，哈马德埃米尔第一次访问英国，并与伊丽莎白二世和政府高级官员进行会谈。2001 年，两国签署了旨在加强军事合作的新防御协定。2004 年 8 月，哈马德国王、萨勒曼王储相继访英。2006 年，巴林国王哈马德、王储萨勒曼、首相哈利法、外交大臣哈马德分别访英，英外交事务国务大臣豪厄尔斯、财政大臣布朗、国防大臣兼苏格兰事务大臣达斯·布朗访问巴林。2006 年 9 月 6 日，巴林财政大臣和英国商务、投资和外交国务大臣签订了双边谅解备忘录，加强两国在投资、金融、通信、信息技术、卫生、教育、职业培训、生产加工等领域的进一步合作，并为此成立专门委员会，跟踪相关信息。2007 年 11 月 24 日，巴林扎亚尼投资集团董事长哈利德·扎亚尼（Khalid al Zayani）与阿拉伯英国商会秘书长阿芙兰·舒艾碧女士（Afnan al Shuaibi）在伦敦签订了成立巴林—英国企业家协会的谅解备忘录，旨在加强和密切两国企业家的关系，推动巴林及其他"海合会"国家与英国在金融业、银行业、工业等领域的交流合作。正在英国访问的萨勒曼王储出席了协议的签字仪式。

第四节　巴林与伊朗的关系

　　整个 20 世纪，伊朗一直是巴林的外部威胁。基于两国历史上的亲密联系，伊朗一直想把巴林纳入其政治版图，这一想法在伊朗伊斯兰革命后再次复活。1981 年底，巴林和伊朗的关系降到了冰点，当时伊朗支持的伊斯兰激进势力试图在巴林国内煽动反哈利法家族的民众骚乱。在逮捕了这些煽动者以后，巴林与伊朗的关系进行了适应性调整，两国关系的解冻表示海湾国家与伊朗的潜在对抗正在降低，这也表明巴林在处理地区事务上，采取更灵活、务实、大度、宽容的对外政策。

早在 1927 年初，伊朗政府就抗议英国与巴林发展关系。伊朗就此事向国际联盟申诉，认为历史上的巴林一直在伊朗的统治范围之内。国际联盟拒绝考虑伊朗的要求，1930 年和 1946 年，伊朗再次进行了抗议活动。

20 世纪 70 年代，英国军队从海湾地区撤退，伊朗再次向联合国提出对巴林的主权要求。1970 年春，联合国秘书长吴丹任命特别专员成立专门委员会来确定巴林民众是否愿意与伊朗统一。经过对巴林本土民众的调查，专门委员会得出结论，巴林民众"实际上赞同成立一个拥有主权的独立国家"[1]。1970 年 5 月，联合国安理会批准委员会报告，伊朗宣布放弃对巴林岛的主权要求，集中精力去夺取作为通往海湾门户的三岛：阿布穆萨岛和大小通布岛。

伊朗伊斯兰革命后，伊朗对巴林再次提出主权要求。1979 年夏，霍梅尼宣布巴林为伊朗的第 14 个省，并发出威胁："除非哈利法家族采用同伊朗相似的政体"，否则将推翻巴林现政权。[2] 9 月末，伊朗外交部长伊卜拉欣·亚兹德（Ibrahim Yazdi）认为霍梅尼的观点仅仅代表他自己。到 10 月中旬，负责共和国公共关系的总理助理萨迪奇·塔巴塔巴

---

[1] Muhammad T. Sadik and William P. Snavely, *Bahrain, Qatar, and the United Arab Emirates*, Lexington, Mass.: D. C. Heath, 1972, p. 132.

[2] R. K. Ramazani, *Revolutionary Iran: Challenge and Response in the Middle East*, Balitnore: Johns Hopkins University Press, 1986, p. 49.

（Sadeq Tabataba）向新闻界声明，整个事件都是"误解"，伊朗仍对巴林保持友好关系。

1979～1981年末，伊朗官员访问巴林和其他海湾国家，以缓和伊朗南部边界的紧张局势。同时，伊朗国内的军事派别支持巴林国内的反政府组织，反对哈利法家族的统治。1981年，巴林侦破了一起暗杀政府官员的阴谋，刺客得到伊朗的训练和支持。同年2月初，在海湾国家外交部长会议上，巴林外交部长主张对伊朗采取强硬措施，海湾国家停止与伊朗的正常经济和外交往来。但这一建议被其他国家否定，理由是这会对伊朗造成过分的刺激。

两伊战争爆发后的前几周，由于伊拉克不能对伊朗取得决定性胜利，巴林外交政策发生了一些转变。首先，巴林与伊拉克开始保持距离，宣布在两国间保持中立。其次，巴林政府寻求同海湾国家合作，并向沙特阿拉伯靠拢。最后，巴林鼓励阿拉伯各国在领土防御方面，扮演更积极主动的角色。

1980年11月中旬，巴林政府抗议伊朗对伊拉克的空中袭击，并没有表示支持伊拉克，而是依靠沙特阿拉伯在海湾国家之间创造一种协调的安全政策。1981年2月，海湾6个君主国在利雅得召开外交大臣会议，巴林同意建立地区组织，为海湾国家的经济、社会和文化合作提供制度基础。这一新的组织称为海湾国家合作组织，或者海湾合作委员会（"海合会"），它包括最高委员会（由各成员国家首脑组成）、部长委员会（由各国外交部长组成）和秘书处（主要管理委员会的行政事务）。同年9月，海湾合作委员会在塔伊夫召开第二次会议。在这次会议上，6个国家决定取消关税，清除贸易壁垒，在工业和石油政策方面进行合作。各国外交部长反对外部力量在海湾地区建立军事基地，批评南也门、利比亚和埃塞俄比亚三国签订的"亚丁条约"。对于两伊战争，委员会仅仅呼吁双方实现停火，支持联合国的调解活动。1981年12月初，巴林发生试图推翻哈利法家族统治的未遂政变，"海合会"开始增加其在本地区的安全力量。沙特阿拉伯内政大臣访问巴林，指责政变系伊朗所为。但两国关系并没有因此而恶化，随后，两国签署相互安全保障协定，两国的安全部门进行密切的合作。1982年11月，伊萨埃米尔在巴林首都麦纳麦召开"海合会"第三次最高委员会会议。伊萨埃米尔称赞"海合会"为整合中东地区经济作出了巨大贡献，在会议上，巴林与其他各国达成加强安全合作，建立边界合作巡逻队的决议。1983年，伊朗军队向伊拉克领土推进，巴林对伊朗进行善意的警告。同年8月，巴林内政大臣告诉记者，海湾国家正在构想签署相互防御协定。10月中旬，"海合会"国家第一次举行联合军事演习。在演习中，巴林派出步兵团的一个连。随后，巴林和卡塔尔进行空军联合演习。1984年春，两伊发生了"坦克战"，巴林支持伊拉克，称伊朗对伊拉克的军事行动是严重违反国际法和联合国宪章的"侵略"行为。

1997年，哈塔米当选为伊朗总统，两国关系出现缓和迹象。2002年8月17日，哈马德国王对伊朗正式访问，两国发表声明，反对美国军事打击伊拉克。哈马德说："我们必须防止外来势力以任何借口袭击伊斯兰国家，伊斯兰国家面对任何危机和外来威胁时必须采取共同立场。"哈马德先后与伊朗最高领袖哈梅内伊、总统哈塔米以及外长哈拉齐进行了会谈。这是自伊朗伊斯兰革命以来，巴林首脑第一次访问伊朗。2003 年 5 月,伊朗哈塔米总统回访巴林。

2005 年 10 月,巴林外交大臣哈立德与到访的伊朗外交部长穆塔基在麦纳麦会谈后发表联合公报,双方对伊拉克安全局势表示忧虑,强调国际社会应该作出更大努力,以实现伊拉克安全与和平。关于伊朗核问题,巴林认为伊朗有和平利用和发展核能的权利,希望一切核活动应置于国际原子能机构的有效监管下,并确保限于民用。巴林主张中东、海湾地区无核化。巴林对伊核问题升级表示担忧,强调该问题应通过联合国安理会及国际原子能机构的调解得到最终和平解决,任何极端的解决方式都将使本地区陷入灾难。巴林外交大臣哈立德在会谈中强调,必须保证伊朗的安全与和平,要求国际社会依据《不扩散核武器条约》公开、透明地解决伊朗核问题。

第五节　巴林与卡塔尔的关系

林和卡塔尔之间的领土之争主要集中在两国海岸间的哈瓦尔(又译海瓦尔)岛。以前,这个岛屿从来无人过问,只有两国渔民偶尔在岛上休息片刻。自从岛上发现石油后,才引发两国对该岛的主权之争。直到 20 世纪初,巴林的哈利法家族一直控制着卡塔尔半岛。19 世纪,巴林和卡塔尔成为英国的"保护国"。英国政府曾经多次就哈瓦尔的主权问题对两国进行调解。1913 年,英国政府出台了一份英土协议,但由于第一次世界大战的爆发而未能正式签署。1938 年 5 月,巴林和卡塔尔在该岛的主权归属问题上发生争执。

英国政府曾承认巴林拥有哈瓦尔群岛主权。但卡塔尔坚持认为自己应该拥有该岛主权，因为这些岛离卡塔尔的海岸线仅2海里，而巴林距该岛有18海里。1947年，两国又出现领土危机。在英国监督和施压下，双方提出一个临时解决方案：巴林放弃对该岛资源的拥有权，卡塔尔放弃对该岛的主权要求。1967年3月，卡塔尔向巴林提出，解决哈瓦尔群岛问题要以解决祖巴拉市归属为前提条件，巴林拒绝接受。

1980年3月，巴林重申哈瓦尔群岛是巴林领土不可分割的一部分，并授权美国公司开发该岛石油资源。卡塔尔政府对此不满。1982年，两国领土争端又起，当时巴林以哈瓦尔群岛命名一艘战舰，并举行下水典礼，而且进行了保卫法什特迪贝尔地区海岸线的实弹演习。随后，卡塔尔政府提出强烈抗议，双方相互展开了舆论攻击。1982年3月7~9日，海湾合作委员会在利雅得召开第三次部长级紧急会议，沙特阿拉伯充当两国的调停人。经过沙特阿拉伯的斡旋，两国的紧张局势得到平息。1986年4月26日，卡塔尔政府出兵占领迪贝尔岛，起因是卡塔尔反对巴林在该岛上建造"海岸中心"。海湾合作委员会国家采取紧急行动，阿曼外交大臣苏尔坦·卡布斯以委员会主席的身份分别向两国埃米尔进行了口头劝说，沙特阿拉伯国王法赫德以中间人的身份邀请两国外交大臣到利雅得协商。在沙特阿拉伯的努力下，巴林和卡塔尔的冲突暂且平息，双方于6月15日将各自的军队撤出争议地区。

根据1986年6月2日提出的建议，一旦双方出现分歧，任何一方都可以将自己的有关材料提交国际法庭，接受国际法庭的仲裁。同年 10 月，在阿曼首都马斯喀特召开的海湾合作委员会第五次国防大臣会议上，沙特阿拉伯督促卡塔尔王储同巴林国防大臣就两国边界之事会晤，边界危机虽有所缓和，但未彻底解决。

20 世纪 90 年代，卡塔尔提议将边界争议再次提交国际法庭。同时声明，由国际法庭出面解决双方的争端并不意味着不再接受沙特阿拉伯方式，两种途径同时进行的最终目的是彻底解决边界争议。1991 年 7 月 8 日，卡塔尔根据 1990 年 11 月 25 日达成的协议及巴林建议的方式，单方面把边界之争的议案提交国际法庭。同年 10 月 11 日，国际法庭发布备忘录，记录在案。1992 年 6 月 26 日，国际法庭宣布准备审理此案。7 月 27 日，沙特阿拉伯政府就巴卡领土之争发表公告，要求两国以友好协商的方式解决矛盾，巩固地区和平。这一要求遭到卡塔尔的拒绝。

巴林与卡塔尔的领土之争在 2001 年出现转机。2001 年 3 月，巴林与卡塔尔签署了协议，两国关系迅速升温。海牙的国际法院将哈瓦尔岛判给巴林，卡塔尔对祖巴拉岛、贾南岛、吉塔特杰拉代岛拥有主权，法什特迪贝尔岛低潮高地属卡塔尔主权。卡塔尔接受了这一裁决，宣布领土争议已经成为"历史"。2001 年 3 月 17 日，卡塔尔和巴林宣布全国放假一天，以庆祝两国解决了持续 70 年的领土争端。2002 年 1 月，两国计划修建堤道，并签署了《谅解备忘录》，规定卡塔尔在 2008 年向巴林供应天然气。2006 年 6 月 12 日的《中东报》报道，巴林和卡塔尔在两国之间将建造一座全长 40 公里的桥梁。根据设计，这座桥造价 30 亿美元，工期为 4 年。两国副首相还签署了成立桥梁建设公司的协议。该桥梁

建成后将会进一步方便两国的人员交流和货物运输，有助于
加强两国的经济合作。2007 年 1 月 17 日，巴林和卡塔尔商
务部达成谅解，共同出资 3000 万第纳尔建立投资公司，以
便在两国投资项目，双方还研究合资建立巴林—卡塔尔银
行。

　　但是，卡塔尔半岛电视台对巴林国内问题进行负面报道
使两国关系又进入低迷时期。卡塔尔政府逮捕进入卡塔尔水
域的巴林渔民，两国的合作项目进展并不顺利。

第六节　巴林与伊拉克的关系

1968 年后，伊拉克开始向巴林传播复兴党的革命民
族主义原则，巴林国内掀起民族主义运动。1972
年 4 月，伊拉克与苏联缔结友好贸易协定，巴林政府公开反
对伊拉克的亲苏行为。1971～1975 年间，伊拉克极力消除西
方力量对海湾地区的影响，推动海湾地区的民族主义运动。
伊拉克复兴党指责巴林埃米尔允许美国军队进入本国领土，
默许伊朗在海湾地区扩大影响。在这种情况下，巴林与沙特
阿拉伯等海湾国家建立友好关系以抵抗伊拉克复兴党民族主
义的威胁。

　　随着伊拉克复兴党民族主义对外输出革命理念的停止，
海湾国家与伊拉克的关系开始缓和。1975 年，伊朗和伊拉克
签署分享阿拉伯河边界的协议后，两国与沙特阿拉伯签署互
不侵犯条约，其成员国扩大到整个海湾地区，包括巴林在内。
同年末，巴林国防部长和参谋长访问伊拉克，讨论共同的安
全问题。

巴林

　　两伊战争爆发前，巴林与其他海湾国家的关系遵循一条清晰的轨迹：当伊拉克的政策是威胁或削弱巴林时，巴林就开始拉近与其他海湾国家的关系，特别是与沙特阿拉伯的关系。但是巴林并不只是依赖沙特阿拉伯，它还与约旦和其他国家发展外交关系，减少沙特阿拉伯的牵制。20世纪70年代中期，巴林主张建立阿拉伯海湾地区安全秩序，试图通过地区集体安全实现国内安全的构想。

　　伊朗伊斯兰革命后，巴林与伊拉克的关系出现缓和，原因有三：一是伊朗伊斯兰革命的胜利彻底排除了巴林在沙特阿拉伯、伊拉克等国家与伊朗之间进行平衡外交战略的可能。二是苏联入侵阿富汗导致苏联与伊拉克关系的冷漠，伊拉克转而寻求与海湾国家建立关系。三是美国一再表示要建立特遣部队保护海湾石油，这一暗示促使巴林政府赞同伊拉克反对外来力量干预地区事务的主张。1980年初，哈马德到伊拉克访问，寻求建立战略结盟，以抵御外部力量渗透海湾。1980年春夏之时，巴林支持伊拉克对伊朗发动战争。5月中旬，巴林政府镇压国内支持伊朗的伊斯兰运动。两伊战争爆发前，巴林首相访问巴格达，并向新闻界透露："伊拉克是我们的安全屏障。"① 巴林允许伊拉克军队利用巴林岛上的空军基地。

　　海湾战争期间，巴林反对伊拉克入侵科威特，要求伊拉克全面执行安理会有关决议，呼吁联合国安理会在解决伊拉克问题上发挥重要作用。伊拉克战争爆发前夕，哈马德反对

---

① Gerd Nonneman, *Iraq, the Gulf States and the War*, London：Ithaca Press, 1986, p. 21.

美国对伊拉克实施军事打击。2002 年 8 月 18 日，哈马德访问伊朗期间，同伊朗领导人在德黑兰发表联合声明，反对任何针对伊拉克的单方面军事打击。声明还指出，巴林和伊朗两国政府都对"即将笼罩本地区的威胁"非常关切。哈马德指出："我们必须防止外来势力以任何借口袭击伊斯兰国家，伊斯兰国家面对任何危机和外来威胁时必须采取共同立场。"①

　　2003 年年初，在美英联军即将对伊拉克发动大规模进攻之际，哈马德还在为和平解决伊拉克问题而奔走游说。同年 2 月 3 日，哈马德专程远道访美，在白宫分别同美国总统布什和副总统切尼举行会谈，探讨和平解决伊拉克问题的途径。2 月 16 日，哈马德在视察巴林国防军总司令部时发表讲话指出，通过政治而不是战争手段解决伊拉克问题，实现和平才是最佳选择。他同时呼吁伊拉克继续与联合国核查人员合作，并希望阿拉伯国家团结一致，维护伊拉克和整个海湾地区的和平稳定。3 月 2 日，在多哈举行的海湾合作委员会外长会议上，哈马德支持阿联酋提出的"督促伊拉克总统萨达姆下台以避免战争"的建议。

　　随后，哈马德又派遣外长参加由阿盟秘书长穆萨率领的，由 5 个阿拉伯国家外长组成的代表团，先是前往美国纽约，之后再动身前往巴格达。二者都拒绝该代表团的调解。3 月 19 日，就在伊拉克战争前夕，哈马德还主动提出，"如伊拉克总统萨达姆愿意离开伊拉克，巴林王国随时准备接待他和

---

　　①　中国现代国际关系研究所：《阿拉伯新生代政治家》，时事出版社，2004，第 260 页。

他的家眷"，并"将保留其一切尊严，享受一切尊重"。哈马德这一建议是为了维护中东地区安全和稳定，国际社会对哈马德为和平解决伊拉克问题所进行的努力大加赞赏。

伊拉克战争后，巴林要求国际社会尽快参与伊拉克重建，认为一个统一、稳定、拥有主权的伊拉克是中东地区实现和平的基础。主张联合国在"伊战"后政治安排上发挥主导作用。支持伊政府为实现民族和解采取的措施，要求停止暴力和乱杀无辜，认为外来干涉是造成武装袭击的根源。2003年5月17日，哈马德与来访的伊朗总统哈塔米签署联合公报，要求联合国在伊拉克重建中发挥主导作用，维护伊拉克的统一、独立和领土完整。

第七节　巴林与沙特阿拉伯等国的关系

林与阿拉伯海湾国家的关系经历了从敌意到亲密合作，从依赖大国安全战略到地区合作安全战略的转换。

独立后的巴林主张与沙特阿拉伯、卡塔尔等海湾国家进行军事合作。1974年11月，巴林外交大臣建议埃米尔国家间成立地区联盟。不久，沙特阿拉伯邀请伊萨埃米尔参观军事演习。次年6月，沙特阿拉伯和巴林军方展开合作演习，大约有1000名军人在阿瓦利地区显示军威。巴林谋求与埃及建立友好关系，1974年，两国达成协议，分享技术和交换专家，增加教育交换项目的名额。1976～1977年，巴林在调解亲西方的阿曼和伊拉克关系上扮演着牵线搭桥的角色。1977年，巴林外交大臣呼吁海湾国家应加强合作，减少外部势力对中东地区事务的影响和控制。同年 7 月，美国在祖法尔地区驻扎的部队全部撤退。1978 年，苏联参与非洲事务和入侵阿富汗，伊朗局势也日益不稳。国际局势推动巴林与阿拉伯海湾国家之间加强合作。当美国提出要用巴林海军基地时，巴林曾一度公开抗议这一行为。5 月中旬，巴林外交大臣穆罕默德·本·穆巴拉克告诉记者，海湾地区各国应该协调防御，而不是依靠某些国家来保护自己的安全。1978 年底，巴林与科威特的关系开始缓和。1979 年 6 月，巴林参谋长称巴林防御部队是科威特军队的补充力量。

　　巴林与沙特阿拉伯的军事合作更为瞩目。1979 年 6 月末，巴林国防大臣参加沙特阿拉伯、卡塔尔、阿联酋和科威特在利雅得进行的军事演习。随后，海湾国家签订了一系列相互防御协定。巴林建议海湾国家成立海军部队，但并没有得到支持。在伊朗海军军事演练之时，沙特阿拉伯两个步兵团被空运到巴林作为预防性措施，这一行动促使沙特阿拉伯和巴林恢复关系，重开中断的交通渠道。

　　20 世纪 60 年代中期，巴林和沙特阿拉伯的经济合作十分密切。1958 年 2 月，巴林政府将阿布萨法（Abu Safah）油田割让给沙特阿拉伯，同时规定两国政府共享石油收益。1962 年，沙特阿拉伯为巴林提供约 80% 的提炼原油，支付巴林政府每年 400 万美元费用。1963 ~ 1967 年，为进行现代化改造，巴林石油公司关闭了一些炼油厂，石油收入大幅度减少，但巴林和沙特阿拉伯更重要的合作开始了。1963 年 6 月，阿拉伯—美国石油公司（ARAMCO）在阿布萨法地区发现了石油。1965 年 12 月，阿布萨法地区的油田获益颇丰，50% 的收益分给了阿美石油公司，沙特阿拉伯和巴林各得

25%。1968 年起，巴林有 1/3 的石油采自该油田。据估计，在 1966～1970 年之间，巴林石油收入从 1960 年占国民收入的 27% 增加到 1970 年的 36%。[①]

1992 年 12 月 30 日，巴林与沙特阿拉伯达成协议，从 1993 年起，不再按份额分成，而由沙方向巴方日提供原油 10 万桶。从 1997 年起，沙特阿拉伯放弃了对该油田的利益分享以支持巴林经济发展。2003 年，巴林每天得到阿布萨法油田 15 万桶的石油收益，而巴林国内每天仅生产 3.8 万桶，沙特阿拉伯另外日补偿 5 万桶的收入。2004 年，阿布萨法油田的石油日产量达到 30 万桶，巴林得到的石油日产量仍为 15 万桶。但因为巴林与美国签订双边贸易协定引起沙特阿拉伯不满，沙特阿拉伯停止供给巴林额外的 5 万桶石油。

巴林国内逊尼派和什叶派的教派分歧和族群矛盾使得巴林政府对邻国沙特阿拉伯和伊朗的关系十分敏感，二者的亲疏严重制约着巴林外交政策。沙特阿拉伯长期以来一直主导着巴林对外政治、经济等层面的行动，1986 年两国建立堤道以后，沙特阿拉伯对巴林的影响加强。2003 年以来巴美关系的日益亲密，使沙特阿拉伯十分恼火。在沙特阿拉伯看来，《美国—巴林自由贸易协定》威胁到了海湾合作委员会这一地区组织。但是沙特阿拉伯并没有对巴林采取惩罚性的措施，也没有与巴林断绝联系，只是违背巴林的意愿扩大阿布萨法油田的产量。

---

① Muhammad T. Sadik and William P. Snavely, *Bahrain, Qatar, and the United Arab Emirates*, Lexington, Mass.: D. C. Heath, 1972, pp. 128–129.

第八节 巴林与印度的关系

一 历史交往

巴林自从独立以来与印度外交关系的一个显著特点就是平稳发展，没有任何潜在紧张的迹象。形成这种关系的主要原因是两国的规模、结构、政治进程阶段、经济发展的进度比较一致。二者关系主要表现在历史上联系、政治领域的互助、经济与技术范围的合作以及文化上的交往。

早在古代时期，印度与巴林就形成了友好的关系，两个地区的历史交往可以追溯到印度河文明时期。双方交往的主要媒介是贸易与商业，最近的考古发掘已经证实了这一点。米歇尔·里斯（Michael Rice）在谈及二者的联系时写道："海湾文化基本上是一种航海文化：他们寻找原材料，交换工厂制品。他们的贸易范围较为宽广。巴林是海湾贸易中心的货物集散地与转口港，其经济联系辐射到安纳托利亚南部、爱琴海，阿富汗、印度河流域、阿曼半岛，甚至延伸到尼罗河流域。有充分证据表明来自印度的商人就住在巴林。"① 另一位学者卡史泊斯（E. C. L. During Caspers）从巴林出土的一个棱柱体印章证实了二者的联系。他们考古发掘出一个似山羊状的有角动物，显示了哈拉帕人（属古印度的一个人种）

① Michael Rice, "Dilmum Discovered" - The Archaeology of Bahrain to the Early Second Millennium BC, *Asian Affairs*, 17 (3) October, 1986, pp. 257 - 258.

文化与海湾巴林文化的联系。①

几个世纪以来，巴林人一直将孟买视为自己的"第二故乡"，大量巴林人都会说乌尔都语和北印度语。② 16 世纪，印度商人对巴林的贸易很感兴趣。20 世纪以来，许多印度人大都在巴林建立了自己的商业网络。独立后的印度与巴林的关系更为友好，并在各个层面展开合作。

二　政治交往

自从 1973 年以来，两国领导人定期互访。

1973 年，印度外交部长斯瓦兰·辛格访问巴林。

1974 年，印度计划部长多哈尔访问巴林并与其领导人及官员举行了圆桌会议。

1975 年，巴林外交大臣穆罕默德·本·穆巴拉克·哈利法首次访问印度。双方讨论的核心议题是印度洋、阿以危机以及在联合国内部的合作问题。在印度洋问题上，巴林一直主张印度洋地区维持和平状态。在美巴关系上，巴林政府认为，仅仅让美国船舰在本土添加燃料，而没有其他意图。巴林非常欣赏印度支持阿拉伯事业的立场，感谢印度政府承认巴勒斯坦解放组织的合法性，允许其在新德里拥有办事处。

---

① E. C. L. During Caspers, "A Cooper-Bronze Animal in Harappan Style from Bahrain: Evidence of Mercantile International", *Journal of Economic and Social History of the Orient*, vol. 30 (1), February 1987, pp. 37 – 38.

② Indian Express, 27 April, 1981, cited in Edited by A. K. Pasha, *India, Bahrain and Qatar: Political, Economic and Strategic Dimensions*, Gyan Sagar Publication, 1999, p. 75.

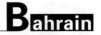

两国认为解决阿以冲突的最好办法就是以色列从占领的阿拉伯领土上撤军，巴勒斯坦人回归家园。巴林埃米尔也认为中东局势对国际和平与安全有着直接的影响，危及世界经济与政治的稳定。

1981年4月27～30日，巴林埃米尔伊萨·本·萨勒曼·哈利法访问印度，这是印巴关系的转折点。双方讨论的议题包括：签署戴维营协议，苏联入侵阿富汗，伊拉克—伊朗冲突，成立海湾合作委员会，印度洋地区的军事化倾向等等。印度总统尼兰·桑吉瓦·雷迪认为中东地区实现和平的必要条件就是成立一个独立的巴勒斯坦国，以色列从被占领的阿拉伯领土上撤军。双方强调了解决中东问题的紧迫性，认为国际社会实现和平与安全的最好方法就是各国参加不结盟运动。巴林埃米尔赞扬了印度在不结盟运动中所起到的积极作用。雷迪总统对两伊战争也表达了极大的忧思，他说："持续的冲突不仅会削弱两个国家，而且对该地区其他国家产生影响。"他对印度洋军事化也十分担心："我们对大国出现在印度洋地区深感不安，沿海或者内陆国家都希望这些地区保持和平。"

巴林伊萨埃米尔与印度总理甘地谈论了两个重要问题：一是关于海湾合作委员会的6个成员；二是阿富汗问题。双方最后签署联合声明，认为全面解决阿富汗问题的基础是苏联军队撤出阿富汗；200万阿富汗难民"安全而光荣"的回归家园；大国不干预阿富汗内政，尊重阿富汗的独立、主权完整以及不结盟的地位。

1982年，印度总理纳拉辛哈·拉奥（Narasimha Rao）访问巴林。拉奥赞扬巴林首相哈利法·本·萨勒曼·哈利法

为海湾地区合作以及印度次大陆的和平稳定所做出的积极努
力。双方集中讨论了法赫德王储提出的八点和平倡议。拉奥
认为这些建议是解决阿以问题的"新希望",阐明了关于该
问题的四点主张,那就是:任何国家不能通过武力占领或拥
有别国的领土;所有民众有权利决定自己政府的治理模式;
承认领土的神圣不可侵犯,所有国家有权利在自己国家内享
有和平与安全;解决冲突应该通过谈判协商而不是诉诸武
力。

值得注意的是,巴林与印度的高层政治对话中很少提及
克什米尔问题。很明显巴林政府认为克什米尔问题需要在宗
教理解与民族团结的基础上由当事国自己解决,不需要第三
方国家干预。

1990~1991年的海湾危机期间,印度外交政策的特点是
左右为难,模棱两可的外交辞令让海湾国家极为恼火,但巴
林与印度关系并没有恶化。巴林很理解印度的困境。不过印
度确实采取措施弥补对海湾国家情感上的伤害。海湾战争后,
印度采取积极姿态改善同海湾国家及中东其他国家的外交关
系。

1992年6月,印度对外事务部长爱德华·法莱罗访问巴
林。法莱罗出访巴林的目的就是加强印度在海湾地区的政治
经济影响。在此期间,双方签署了许多经济技术与文化协议,
在地区与国际关系中的重大问题上达成了一致意见。

三 文化交往

地缘上的接近与古代贸易联系的频繁促进巴林与印
度文化上的深层交往。1975年,两国签署了文

化协议，规定两国通过科学家、学者、新闻记者、艺术家的互访，在教育、科学与文化层面进行合作。两国还在考古研究、信息沟通以及教育、科学与文化展览等方面进行合作。

1981 年，巴林埃米尔访问印度，双方签署了第一个文化交流项目协议。1981 年协议进一步拓宽了双方文化交往的内容，包括两国在教育体系研究（学术学位的规定、文凭与证书的设计理念）、儿童文学作品、手工艺品展览等项目上进行合作。另一个条约是关于大众媒体的，要求两国电视媒体人员进行互访交流。这一协议的签署者是印度信息与广播部长与巴林信息部长。双方同意两国的房地产公司与电影代理商进行合作，印度还在巴林举行印度电影周。

印度与巴林在考古方面合作密切。1985 年，印度考古专家团访问巴林，并帮助巴林进行考古挖掘。这些考古资源从实践上证明了两国的历史交往。

四 经济交往

巴林与印度领导人在政治立场、观点上的共识，在地区、国际重大问题上的一致为两国的经济合作与发展构筑了坚实的基础。独立后的巴林同印度在住房、卫生、交通、电力、建筑等领域加强合作。在谈及两国经济交往的前景时，巴林驻印度大使沙拉德·库马尔·巴特纳格尔曾经说过："巴林经济增长具有较大的潜在能量，印度在许多方面对巴林经济作出了贡献。"

两国签署的经济协议有：

1975 年，巴林外交部长访问印度期间签署了两个重要的草案:第一个项目是关于两国技术人员组成的代表团互访;第二个项目是巴林在干船坞项目上向印度寻求咨询与技术援助,项目金额价值2亿美元。访问期间,印度发现海湾国家是印度商品的巨大市场,特别是食品,如印度香米(Basmati rice)和糖,很受巴林喜爱。印度也同意帮助巴林修建化肥厂与水泥厂。

1981年,巴林埃米尔访问印度期间,双方签署了经济与技术合作协议:包括两国组织专家在工程、农业、工业、石油化工等领域进行合作。协议要求两国的专家与代表团互访,并交换新成果与信息。

1982年,印度总理纳拉辛哈访问巴林,鼓励巴林公司到印度投资。他阐述了印度所具有的自由化环境与优越的投资政策,投资领域包括水泥、化肥、石油化工、造纸等19个领域。

1983年3月,吉亚尼·宰尔·辛格访问巴林,两国签署合作经济协议。协议规定印度帮助巴林实现经济多元化,合作领域包括化学、电力、农业产业,以及食品加工、石油天然气等相关领域。

尽管如此,巴林与印度的贸易并不理想。相关数据显示:1985年印度出口巴林的商品总价值为4亿美元,占巴林进口总量的2.4%。[①] 1990~1996年印巴贸易、进出口情况见表7-1、表7-2。

---

① Hindustan Times, 28 July, 1986, cited in Edited by A. K. Pasha, *India, Bahrain and Qatar: Political, Economic and Strategic Dimensions*, Gyan Sagar Publication, 1999, p. 84.

表 7 - 1   1990~1996 年间印度 - 巴林贸易

单位：百万美元

年份	印 巴贸 易额	印度贸易总额	巴林贸易总额	印巴贸易额占印度贸易总额的百分比	印巴贸易额占巴林贸易总额的百分比
1990	239	41803	7547	0.6	3.2
1991	161	37381	10449	0.4	1.5
1992	418	41725	11883	1.0	3.5
1993	569	41740	12925	1.4	4.4
1994	692	50176	14121	1.4	5.0
1995	856	64993	16293	1.3	5.3
1996	1001	74497	18680	1.3	5.4

资料来源：Direction of Trade Statistics Yearbook, IMF, Washington, 1997, cited in Edited by A. K. Pasha, *India, Bahrain and Qatar: Political, Economic and Strategic Dimensions*, Gyan Sagar Publication, 1999, p. 91。

表 7 - 2   1990~1996 年印度向巴林进出口额

单位：百万美元

年份	印度向巴林出口额	印度向巴林进口额	贸易差额	印度向巴林出口额占印度总出口额的百分比	印度向巴林进口额占印度总进口额的百分比
1990	39	200	-161	0.2	0.8
1991	49	112	-63	0.3	0.6
1992	47	371	-324	0.3	1.6
1993	49	520	-471	0.2	2.4
1994	60	632	-572	0.2	2.4
1995	62	794	-732	0.2	2.3
1996	72	929	-857	0.2	2.3

资料来源：Direction of Trade Statistics Yearbook, IMF, Washington, 1997, cited in Edited by A. K. Pasha, *India, Bahrain and Qatar: Political, Economic and Strategic Dimensions*, Gyan Sagar Publication, 1999, pp. 92 - 97。

由表 7 - 2 可以看出，1990～1996 年间，印度与巴林的贸易与经济关系迅速增长，然而这种增长的态势并不平衡。印度从巴林进口量增加较快，出口量增加较慢。巴林从印度进口的消费品数量较小。在合资企业方面，大多数企业都在巴林，而在印度的数量较少。印度劳工在巴林较多，也是两国经济交往的媒介。

进入 21 世纪以来，两国的贸易交往范围进一步扩大。

2007 年 12 月 13、14 日，巴林海湾金融公司（Gulf Finance House）与印度马哈拉施特拉邦政府在孟买签订了投资 100 亿美元兴建工业区的项目协议。工业区位于孟买郊区，占地面积 1600 英亩，招商对象为软件、电信及娱乐行业。双方于 2006 年签订的能源城项目，并入工业区项目，海湾金融公司已为此项目的首期工程融资了 6.3 亿美元（约合 2.361 亿巴林第纳尔）。

2008 年 12 月 13 日，印度海关总署署长杰哈在孟买透露，已与巴林的 Aldhaen 造船公司签订了购买 22 艘巡逻快艇的合同，合同金额约 7818 万美元。2009 年 12 月交货。

第九节　中国与巴林的关系

一　建交前中国与巴林的关系

由于中苏关系、英国主导海湾地区秩序与结构等因素的影响，中国与巴林的外交关系可以说是一波三折。中国政府批评英国在巴林的殖民占领行为。巴林独立后，中巴两国政府开始第一次接触。1971 年 8 月 23 日，周恩来总理派特使会见巴林埃米尔伊萨·本·萨勒曼·哈利法，代表中国政府庆贺巴林的独立。8 月 24 日，伊萨埃米尔回复周恩来总理，感谢中国政府对巴林的庆贺和承认。但是巴林跟随西方和沙特阿拉伯的立场，并没有同中国建交。

中华人民共和国成立后的前 30 年，中国和巴林的政治交往史一片空白，不过中国政府还是通过外交声明支持巴林的正义行为。1988 年后，两国的政治交往进入了新阶段。同年，受巴林外交部的邀请，中国外交部亚非司司长杨福昌访问巴林。杨福昌受到巴林埃米尔伊萨的热情接见，双方表达了改善关系的想法，巴林埃米尔赞赏中国对阿拉伯事业的支持。杨福昌分别会见了巴林首相哈利法·伊本·萨勒曼，外交大臣穆罕默德·本·穆巴拉克。

中国与巴林在社会和经济领域的交往也有起色。1984 年 10 月，巴林商业部组织巴林商人访问中国，并会见了中国国际信托投资公司副总裁荣毅仁。这次访问的目的在于增进相互了解、促进合作。代表团团长阿卜杜·拉苏勒·吉什说："我们迫切希望两国进行经济、贸易和文化合作……我们希望通过金融商业的交往，开拓新的合作领域。"① 1988 年 11 月 23~25 日，中国在麦纳麦举办中国商品出口展销会。巴林信息大臣阿卜杜·穆阿亚德告诉新华社记者，中国在巴林举办展销会表明我们尊重中国，并乐意通过两国贸易合作实现双赢。他进一步表达了巴林与中国进行文化交流的愿望，希望通过文化范围的接触促进两国关系的深入发展。

---

① Mohamed Bin Huwaidin, *China's Relations with Arabia and the Gulf 1949 - 1999*, London：Routledge Curzon, 2001, p. 257.

中国和巴林的贸易交往开始于20世纪50年代末。1956~1959年，中国出口到巴林的商品价值为26万美元。20世纪70年代，两国的贸易额升到2.92亿美元，其中86%是中国出口巴林的份额。1980~1988年，两国的贸易额为1.98亿美元，中国出口仍在两国的贸易平衡中处于主导地位。不过，中国与巴林在20世纪80年代的贸易额少于20世纪70年代。20世纪80年代，世界油价下跌，影响了巴林进口商品的数额，这是中巴之间贸易发展放慢的主要原因。总之，在1989年建交以前，两国的联系仅限于经济和社会层面的接触，官方的政治接触较少。

二　中国与巴林建交

20世纪80年代以来，巴林与中国的交往历程一帆风顺，交往的内容、深度、质量较以前有明显提高。20世纪80年代中期，巴林开始采取同中国亲善的外交政策。1989年4月17日，中国驻科威特大使管子怀与巴林外交部政治司司长阿里·马哈鲁斯分别代表本国政府签署了建交联合公报，宣告1989年4月18日中国与巴林正式建立外交关系。同年，巴林第一任驻华大使侯赛尼·拉希德·萨巴赫（Husain Rashid al-Sabbagh）向中华人民共和国主席递交了国书。1989年12月11日，中国驻科威特全权大使管子怀向巴林埃米尔递交了国书。

巴林决定同中国建交取决于以下因素：第一，巴林感到中国作为联合国安理会常任理事国在国际政治中的影响力和分量。第二，巴林同台湾的交往仅限于经济等层面，没有超越政治，因此台湾问题并没有限制巴林同中国建交。

1989 年 4 月 18 日，中华人民共和国与巴林建立大使级外交关系。两国备忘录强调两国将在和平共处、平等、互不干涉内政、相互尊重国家主权和领土完整的原则基础上建立外交关系，加强双方的友好合作。中国外交部长钱其琛在给巴林外交大臣穆罕默德·伊本·穆巴拉克·哈利法（Muhammad Ibn Mubarak al-Khalifah）的信中指出，中国和巴林建交完全符合两国人民的根本利益，希望两国人民能够友好合作，共创辉煌。

1989 年 4 月 20 日的《人民日报》社论指出："巴林一直遵循中立、不结盟的外交政策发展对外关系，努力维护阿拉伯世界的团结，以及海湾国家之间的睦邻友好关系，坚持尊重其他国家主权，不干涉其他国家内政，不诉诸武力，主张通过和平的方式解决争端。因此，巴林国家的外交政策得到了国际社会的赞赏。"①

三 建交后中国与巴林的关系

多年来，两国政治、经济、文化等领域的友好合作关系得到不断发展，在许多重大国际、地区问题上有着相同或相似立场。国务委员兼外长钱其琛（1990 年）、国务院副总理李岚清（1993 年）、国务委员吴仪（2002 年）、全国人大常委会副委员长、全国妇联主席顾秀莲（2005 年）等相继访问巴林。巴林首相哈利法（2002 年）、国王夫人赛碧凯（2002 年）、副首相兼外交大臣穆罕默德（2004 年）等先后访华。

---

① 1989 年 4 月 20 日《人民日报》。

1989 年 7 月 15 日，巴林外交大臣穆罕默德·伊本·穆巴拉克·哈利法（Muhammad Ibn Mubarak al – Khalifah）访问中国，这是两国建交后来访的巴林第一位高官。他与中国外交部长钱其琛进行了会谈，双方讨论了扩大政治、经济联系的渠道和手段，就地区和国际领域内的问题交换了看法，并签署经济、贸易和技术合作的协议。同年 9 月，中国外交部长在联合国会见了巴林外交大臣，就伊拉克入侵科威特问题进行讨论，要求伊拉克无条件从科威特撤军。

　　1990 年，巴林外交大臣访问中国期间，双方签署了一系列的协议，包括经济、贸易和技术合作，协议要求两国在建筑、化工、石化、轻工业、公共卫生、农业和渔业方面展开合作。合作的形式包括合同项目、劳工服务、技术交换、合资企业、人员培训和贸易展览。中巴两国建立了经贸技术合作委员会，尽管两国一直强调增加贸易额，但 20 世纪 90 年代以来的贸易规模小于 20 世纪 70 年代。在两国的进出口贸易中，中国的出口占主导，出口物品有丝织品、化工产品和食品，中国进口巴林商品主要以铝产品为主。

　　1993 年 5 月，中国外交部副部长杨福昌访问巴林，与巴林外交大臣协商了两国在贸易、技术和文化领域合作等问题。5 月 22 日，巴林埃米尔和首相接见了杨福昌。7 月，中国副总理李岚清访问巴林，他是中国访问巴林的最高级别官员。他首先与巴林商业和农业大臣哈比比·艾哈迈德·卡塞姆（Habib Ahmad al-Qasim）进行了会谈。随后，李岚清受到巴林埃米尔和首相的接见。

　　1994 年 9 月，巴林协商委员会主席伊卜拉欣·呼玛丹（Ibrahim Humaydan）率领代表团访问中国，全国政协主席李

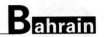

瑞环会见代表团。在谈话中，双方表达了促进政治、经济、金融和其他领域交往合作的构想。

1997年5月，巴林水电大臣朱马访华。11月，中国外交部副部长田曾佩访问巴林。10月，中国电力工业部副部长汪恕诚访问巴林。

1998年2月，巴林交通大臣阿里访华。4月，吴铨叙副总参谋长率军事代表团访问巴林；巴林水电部次大臣哈里德访华。

2002年5月17日巴林王国首相哈利法·本·萨勒曼·哈利法应朱镕基总理的邀请来华访问。同日下午，江泽民主席、全国人大常委委员长李鹏在人民大会堂会见了来访的巴林首相哈利法，会见进一步增进了两国人民之间的相互了解，为中巴各领域的友好合作掀开新篇章。

2006年3月，胡锦涛主席就巴林游船沉没事件向哈马德国王致慰问电。5月，李肇星外长访问巴林，巴林外交大臣哈立德来华出席中国—阿拉伯国家合作论坛第二届部长级会议。

2008年5月21日，巴林国王哈马德在巴林首都麦纳麦会见了出席中阿创作论坛第三届部长级会议的中国外交部长杨洁篪。双方愿在相互尊重、平等互利基础上，继续增进两国政治互信，深化经贸合作，促进人文交流，将中巴友好关系提高到新水平。

中国与巴林在经济领域的交往也表现出前所未有的深度和广度。中巴两国自20世纪50年代起就有民间贸易往来，1988年双边贸易额为1200万美元。据中国海关总署统计，1998年，中巴两国进出口贸易总额为5704万美元，其中中方出口额为 2971 万美元，进口额为 2733 万美元。①

21 世纪以来，双边贸易额增长较快。据巴方统计，2000 年巴林从中国进口商品主要有：棉布 2956 万美元，高纯度未锻轧镁 388 万美元，玩具 276 万美元，计算机设备零件 226 万美元，针棉织品 186 万美元。2001 年，中国对巴林进出口总额近 1.3 亿美元，比上年增长 7.1%；其中出口 5209 万美元，进口 7768 万美元。2006 年，中巴贸易总额为 3.49 亿美元，同比增长 36.3%。其中，中方出口 2.84 亿美元，主要是机电产品、纺织品和服装、食品等；中方进口 0.65 亿美元，主要是未锻造的铝及铝材、液化石油气、棉纱线等。截至 2006 年底，中方在巴承包工程和劳务合作累计完成营业额 1069 万美元，在巴林有 70 余名劳工人员。2007 年 5 月 27 日，巴林向中国企业抛出橄榄枝，希望吸引中国企业成为巴林投资港的一员。这是巴林投资港中国行的第一站。巴林投资港是巴林最具开创型的综合型投资区，集自由贸易和工业为一体，园区总面积达 170 万平方米，可容纳 2 万就业人口。

早在 1990 年 7 月，两国就成立了经济、贸易、技术混合委员会，并分别于 1993 年、1996 年和 2002 年召开了混委会会议。两国签署了一系列的双边协议，包括两国政府的经济、贸易、技术合作协定（1990 年）、文化合作协定（1991 年）、卫生合作执行计划（1994 年）、互相给予最惠国待遇换文（1995 年）、民用航空运输协定（1998 年）、鼓励和互相保护投资协定（1999 年）、互免空运企业国际运输收入税协定

---

① 赵国忠主编《简明西亚北非百科全书·中东》，中国社会科学出版社，2000，第 674 页。

（1999 年）、劳工与职业培训合作协定（2002 年）、对所得避免双重征税和偷漏税协定（2002 年）、关于在巴林设立中国投资与经济服务中心的谅解备忘录（2002 年）。

表 7 – 3　1956 ~ 1996 年中国与巴林的进出口贸易额

单位：万美元

年份	出口	进口	总量	年份	出口	进口	总量
1956				1977	4089	1315	5404
1957	8		8	1978	3245		3245
1958	11		11	1979	2589		2589
1959	7		7	1980	2360		2360
1960	6		6	1981	2115		2115
1961	7		7	1982	1940		1940
1962	14		14	1983	1100	2300	3400
1963	18		18	1984	800	1800	2600
1964	38		38	1985	700	1900	2600
1965	76		76	1986	800	300	1100
1966	178		178	1987	1000	400	1400
1967	246		246	1988	900	300	1200
1968	318		318	1989	900	300	1200
1969	653		653	1990	900		900
1970	753		753	1991	1100	100	1200
1971	936		936	1992	1000	200	1200
1972	1176		1176	1993	3900	600	4500
1973	1943		1943	1994	1700	400	2100
1974	2657	196	2853	1995	1400	1900	2300
1975	3263	920	4183	1996	1400	2900	4300
1976	4821	1759	6580				

资料来源：Mohamed Bin Huwaidin, *China's Relations with Arabia and the Gulf 1949 - 1999*, London：Routledge Curzon, 2001, p. 284。

后　记

　　本书比较系统和翔实地介绍了巴林的地理、历史、政治、经济、文化教育、社会生活、外交等方面的基本国情，是一本综合性的著作。投入本书的写作，其意义不言而喻，写作本书的开端也是作者对巴林社会逐渐认知的过程。本书在广泛吸收国内外资料的基础上，经过作者的梳理与理解，多次修改才逐渐成形。但写作中的难点也很多：一是资料匮乏。国内的巴林研究仅限于基础介绍，谈不上学术研究。二是目录结构的适应性。作为中国社会科学院重大项目的"列国志"，是一个系统工程，整套书的结构与目录都具有固定的格式。而本人在写作中习惯用学术性的思路来镶嵌这种预设的模式，不过幸亏有审稿专家的帮忙，终于按照丛书委员会要求的体例完成本书。

　　在本书完稿之时，感谢中国社会科学院西亚非洲所的赵国忠研究员和温伯友研究员，北京大学的安维华教授，军事专家许林根研究员、孙培德研究员。作为审读专家，他们严谨的治学态度和精益求精的敬业精神，是我们晚生后辈学习的榜样。有这些国内长期从事中东研究的专家的把关，使我避免了不少错误，保证了本书的质量。社会科学文献出版社责任编辑孙以年先生认真负责的态度使我深受感动。本书自始至终得到作者的博士生导师、西北大学中东研究所名誉所长彭树智教授，作者所在单位西北大学中东研究所所长王铁铮教授、副所长黄民兴教授的支持与关心。

西北大学中东研究所的李福泉博士撰写了第一章第三节第四目宗教中的"什叶派"，第二章第五节第三目"20世纪70年代末以来巴林什叶派运动的发展"，其余部分均由韩志斌撰写。

虽然几经研修，但由于对该问题研究基础的薄弱，本人水平所限，书中肯定存在着不足与欠缺，企盼学术界同人和读者不吝斧正。

韩志斌

2009年1月于西北大学中东研究所

主要参考文献

一　英文

"Country Profile 2006: Bahrain", *Economist Intelligence Unit*.

Fahim I. Quban, "Social Classes and Tensions in Bahrain", *Middle East Journal*, 9, Summer 1955.

James A. Bill, "Islam, Politics, and Shi'ism in the Gulf", *Middle East Insight*, 3 (July – August) 1984.

Mohammed Ghanim al-Rumaihi, *Bahrain: A Study on Social and Political Changes Since the First Worde War*, Kuwait University Press, 1975.

Talal Toufic Tarah, *Protection and Politics in Bahrain 1869 – 1915*, Beirut: American University of California Press, 1967.

Briton Cooper Busch, *Britain and the Persian Gulf, 1894 – 1914*, Berkeley: California University Press, 1967.

Fred H. Lawson, *Bahrain: The Modernization of Autocracy*, Boulder, Colo.: Westview Press, 1989.

Christine Osborne, *The Gulf States and Oman*, London,

Croom Helm, 1977.

Fuad I. Khuri, *Tribe and State in Bahrain*, Chicago University Press, 1980.

Lionel Haworth, "Persia and the Persian Gulf", *Journal of the Central Asian Society*, 16, 1929.

Robin Bidwell, "Bahrain in the Second World War", *Dilmun* 12, 1984/1985.

James H. D. Belgrave, "Oil and Bahrain", *World Today*, 7 February 1951, p. 78.

James A. Bill, "Resurgent Islam in the Persian Gulf", *Foreign Affairs*, 63, Fall 1984.

Emile A. Nakhleh, *Bahrain*, Lexington, Mass. : D. C. Heath, 1976.

B. D. Hakken Anthony, "Sunni-Shia Discord in Eastern Arabia", *The Muslim World*, 23, July 1933.

Fuad I. Khuri, *Tribe and State in Bahrain*, University of Chicago Press.

Ali Khalifa al-Kuwari, *Oil Revenues in the Gulf Emirates*, Boulder, Colo. : Westview Press, 1978.

Muhammad T. Sadik and William P. Snavely, *Bahrain, Qatar, and the United Arab Emirates*, Lexington, Mass. : D. C. Heath, 1972.

J. S. Birk and C. A. Sinclair, *Arab Manpower*, New York: St. Martin's Press, 1980.

William J. Donaldson, "Fisheries of the Arabian Peninsula", in John I. Clarke and Howard Bowen-Jones, eds. , *Change and*

Development in the Middle East, London：Methuen press，1981.

J. Belgrave，"The Changing Social Scene in Bahrain"，*Middle East Forum*，38（Summer 1962）.

Alan E. Moore，"The Development of Banking in Bahrain"，in Ziwar-Daftari，ed.，*Issues in Development*：*The Arab Gulf States*，London：MD Reasearch and Services，1980.

N. C. Grill, Urbanisation in the Arabian peninsula, Centre for Middle Eastern and Islamic Studies，University of Durham，Occasional Papers Series，No. 25（1984）.

Jane'Sentinel Security Assessment：Gulf States，May-October 2000.

Military Force Structures of the World，January 2002.

Arab Report and Record（ARR），1 – 15 March 1971.

R. K. Ramazani，*Revolutionary Iran*：*Challenge and Response in the Middle East*，Baltinore：Johns Hopkins University Press，1986.

Gerd Nonneman，*Iraq, the Gulf States and the War*，London：Ithaca Press，1986.

Mohamed Bin Huwaidin，*China's Relations with Arabia and the Gulf 1949 – 1999*，London：Routledge Curzon，2001.

二　中文

〔苏〕瓦·拉·波将斯基：《巴林》，北京人民出版社，1974。

中国现代国际关系研究所：《阿拉伯新生代政治家》，时事出版社，2004。

钟志成：《中东国家通史·海湾五国卷》，商务印书馆，2007。

夏良：《巴林传统工业的现状与保护》，《阿拉伯世界》1999 年第 2 期。

吴寄南：《巴林的经济开发战略》，《阿拉伯世界研究》1985 年第 2 期。

董友忱主编《万国博览·亚洲卷》，新华出版社，1998。

李霖：《国际军火贸易》，解放军出版社，1998。

英国战略研究所：《军事力量对比》（2005/2006）。

巴林国驻华使馆：《前进道路上的巴林》，1997。

陆永昌：《巴林文学概说》，《阿拉伯世界》1984 年第 2 期。

周顺贤：《巴林现代文学》，《阿拉伯世界》1996 年第 3 期。

赵国忠主编《简明西亚北非百科全书·中东》，中国社会科学出版社，2000。

《列国志》已出书书目

2003 年度

《法国》，吴国庆编著

《荷兰》，张健雄编著

《印度》，孙士海、葛维钧主编

《突尼斯》，杨鲁萍、林庆春编著

《英国》，王振华编著

《阿拉伯联合酋长国》，黄振编著

《澳大利亚》，沈永兴、张秋生、高国荣编著

《波罗的海三国》，李兴汉编著

《古巴》，徐世澄编著

《乌克兰》，马贵友主编

《国际刑警组织》，卢国学编著

2004 年度

《摩尔多瓦》，顾志红编著

《哈萨克斯坦》，赵常庆编著

《科特迪瓦》，张林初、于平安、王瑞华编著

《新加坡》，鲁虎编著

《尼泊尔》，王宏纬主编

《斯里兰卡》，王兰编著

《乌兹别克斯坦》，孙壮志、苏畅、吴宏伟编著

《哥伦比亚》，徐宝华编著

《肯尼亚》，高晋元编著

《智利》，王晓燕编著

《科威特》，王景祺编著

《巴西》，吕银春、周俊南编著

《贝宁》，张宏明编著

《美国》，杨会军编著

《国际货币基金组织》，王德迅、张金杰编著

《世界银行集团》，何曼青、马仁真编著

《阿尔巴尼亚》，马细谱、郑恩波编著

《马尔代夫》，朱在明主编

《老挝》，马树洪、方芸编著

《比利时》，马胜利编著

《不丹》，朱在明、唐明超、宋旭如编著

《刚果民主共和国》，李智彪编著

《巴基斯坦》，杨翠柏、刘成琼编著

《土库曼斯坦》，施玉宇编著

《捷克》，陈广嗣、姜琍编著

2005 年度

《泰国》，田禾、周方冶编著

《波兰》，高德平编著

《加拿大》，刘军编著

《刚果》，张象、车效梅编著

《越南》，徐绍丽、利国、张训常编著

《吉尔吉斯斯坦》，刘庚岑、徐小云编著

《文莱》，刘新生、潘正秀编著

《阿塞拜疆》，孙壮志、赵会荣、包毅、靳芳编著

《日本》，孙叔林、韩铁英主编

《几内亚》，吴清和编著

《白俄罗斯》，李允华、农雪梅编著

《俄罗斯》，潘德礼主编

《独联体（1991～2002）》，郑羽主编

《加蓬》，安春英编著

《格鲁吉亚》，苏畅主编

《玻利维亚》，曾昭耀编著

《巴拉圭》，杨建民编著

《乌拉圭》，贺双荣编著

《柬埔寨》，李晨阳、瞿健文、卢光盛、韦德星编著

《委内瑞拉》，焦震衡编著

《卢森堡》，彭姝祎编著

《阿根廷》，宋晓平编著

《伊朗》，张铁伟编著

《缅甸》，贺圣达、李晨阳编著

《亚美尼亚》，施玉宇、高歌、王鸣野编著

《韩国》，董向荣编著

2006 年度

《联合国》，李东燕编著

《塞尔维亚和黑山》，章永勇编著

《埃及》，杨灏城、许林根编著

《利比里亚》，李文刚编著

《罗马尼亚》，李秀环编著

《瑞士》，任丁秋、杨解朴等编著

《印度尼西亚》，王受业、梁敏和、刘新生编著

《葡萄牙》，李靖堃编著

《埃塞俄比亚　厄立特里亚》，钟伟云编著

《阿尔及利亚》，赵慧杰编著

《新西兰》，王章辉编著

《保加利亚》，张颖编著

《塔吉克斯坦》，刘启芸编著

《莱索托　斯威士兰》，陈晓红编著

《斯洛文尼亚》，汪丽敏编著

《欧洲联盟》，张健雄编著

《丹麦》，王鹤编著

《索马里 吉布提》，顾章义、付吉军、周海泓编著

《尼日尔》，彭坤元编著

《马里》，张忠祥编著

《斯洛伐克》，姜琍编著

《马拉维》，夏新华、顾荣新编著

《约旦》，唐志超编著

《安哥拉》，刘海方编著

《匈牙利》，李丹琳编著

《秘鲁》，白凤森编著

2007 年度

《利比亚》，潘蓓英编著

《博茨瓦纳》，徐人龙编著

《塞内加尔 冈比亚》，张象、贾锡萍、邢富华编著

《瑞典》，梁光严编著

《冰岛》，刘立群编著

《德国》，顾俊礼编著

《阿富汗》，王凤编著

《菲律宾》，马燕冰、黄莺编著

《赤道几内亚 几内亚比绍 圣多美和普林西比 佛得
角》，李广一主编

《黎巴嫩》，徐心辉编著

《爱尔兰》，王振华、陈志瑞、李靖堃编著

《伊拉克》，刘月琴编著

《克罗地亚》，左娅编著

《西班牙》，张敏编著

《圭亚那》，吴德明编著

《厄瓜多尔》，张颖、宋晓平编著

《挪威》，田德文编著

《蒙古》，郝时远、杜世伟编著

2008 年度

《希腊》，宋晓敏编著

《芬兰》，王平贞、赵俊杰编著

《摩洛哥》，肖克编著

《毛里塔尼亚　西撒哈拉》，李广一主编

《苏里南》，吴德明编著

《苏丹》，刘鸿武、姜恒昆编著

《马耳他》，蔡雅洁编著

《坦桑尼亚》，裴善勤编著

《奥地利》，孙莹炜编著

《叙利亚》，高光福、马学清编著

2009 年度

《中非　乍得》，汪勤梅编著

《尼加拉瓜　巴拿马》，汤小棣、张凡编著

《海地　多米尼加》，赵重阳、范蕾编著

社会科学文献出版社网站
www.ssap.com.cn

1. 查询最新图书　　2. 分类查询各学科图书
3. 查询新闻发布会、学术研讨会的相关消息
4. 注册会员，网上购书

本社网站是一个交流的平台，"读者俱乐部"、"书评书摘"、"论坛"、"在线咨询"等为广大读者、媒体、经销商、作者提供了最充分的交流空间。

"读者俱乐部"实行会员制管理，不同级别会员享受不同的购书优惠（最低7.5折），会员购书同时还享受积分赠送、购书免邮费等待遇。"读者俱乐部"将不定期从注册的会员或者反馈信息的读者中抽出一部分幸运读者，免费赠送我社出版的新书或者光盘数据库等产品。

"在线商城"的商品覆盖图书、软件、数据库、点卡等多种形式，为读者提供最权威、最全面的产品出版资讯。商城将不定期推出部分特惠产品。

咨询/邮购电话：010-59367028　　邮箱：duzhe@ssap.cn
网站支持（销售）联系电话：010-59367070　　QQ：168316188　　邮箱：service@ssap.cn
邮购地址：北京市西城区北三环中路甲29号院3号楼华龙大厦　社科文献出版社市场部
邮编：100029
银行户名：社会科学文献出版社发行部　　开户银行：工商银行北京东四南支行　　账号：0200001009066109151

图书在版编目（CIP）数据

巴林/韩志斌主编．－北京：社会科学文献出版社，2009.7
（列国志）
ISBN 978-7-5097-0860-6

Ⅰ．巴…　Ⅱ．韩…　Ⅲ．巴林－概况　Ⅳ．K938.6

中国版本图书馆 CIP 数据核字（2009）第 092483 号

巴林（Bahrain） ·列国志·

主　　　编／韩志斌
审 定 人／安维华　许林根　赵国忠

出 版 人／谢寿光
总 编 辑／邹东涛
出 版 者／社会科学文献出版社
地　　　址／北京市西城区北三环中路甲 29 号院 3 号楼华龙大厦
邮政编码／100029
网　　　址／http：//www.ssap.com.cn
网站支持／（010）59367077
责任部门／《列国志》工作室　　（010）59367215
电子信箱／bianjibu@ssap.cn
项目经理／宋月华
责任编辑／孙以年
责任校对／郭红生
责任印制／岳　阳　郭　妍

总 经 销／社会科学文献出版社发行部
　　　　　（010）59367080　59367097
经　　　销／各地书店
读者服务／市场部（010）59367028
排　　　版／北京中文天地文化艺术有限公司
印　　　刷／三河市尚艺印装有限公司

开　　　本／880mm×1230mm　1/32
印　　　张／8.5　插图印张／0.25
字　　　数／184 千字
版　　　次／2009 年 7 月第 1 版　印次／2009 年 7 月第 1 次印刷

书　　　号／ISBN 978-7-5097-0860-6
定　　　价／35.00 元

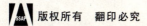

《列国志》主要编辑出版发行人

出 版 人　谢寿光

总 编 辑　邹东涛

项目负责人　杨　群

发 行 人　王　菲

编 辑 主 任　宋月华

编　　　辑　（按姓名笔画排序）

孙以年　朱希淦　宋月华

宋培军　周志宽　范　迎

范明礼　袁卫华　徐思彦

黄　丹　魏小薇

封 面 设 计　孙元明

内 文 设 计　熠　菲

责 任 印 制　岳　阳　郭　妍

编　　　务　杨春花

责 任 部 门　人文科学图书事业部

电　　　话　（010）59367215

网　　　址　ssdphzh _ cn@sohu.com